交科智丛·政策类

大数据时代的智慧物流

李汉卿　姜彩良　编著

人民交通出版社股份有限公司
China Communications Press Co.,Ltd.

内 容 提 要

本书从大数据时代背景下智慧物流发展与应用视角，论述有关大数据、物联网、云计算技术在智慧物流领域应用的发展现状，梳理金融、零售、能源等领域成熟应用大数据技术的经验，交通运输行业在智慧物流、大数据等领域的探索，结合企业实际案例，思考研判智慧物流未来发展趋势。

本书既是智慧物流领域的入门读物，也可作为学习交通运输行业应用大数据等先进技术案例的参考用书。

图书在版编目(CIP)数据

大数据时代的智慧物流 / 李汉卿，姜彩良编著. —北京：人民交通出版社股份有限公司，2018.3

ISBN 978-7-114-13772-3

Ⅰ. ①大… Ⅱ. ①李…②姜… Ⅲ. ①物流管理—研究—中国 Ⅳ. ①F259.221

中国版本图书馆 CIP 数据核字(2018)第 003058 号

交科智丛·政策类

书　　名：**大数据时代的智慧物流**
著 作 者：李汉卿　姜彩良
责任编辑：牛家鸣
责任校对：张　贺
责任印制：张　凯
出版发行：人民交通出版社股份有限公司
地　　址：(100011)北京市朝阳区安定门外外馆斜街 3 号
网　　址：http://www.ccpress.com.cn
销售电话：(010)59757973
总 经 销：人民交通出版社股份有限公司发行部
经　　销：各地新华书店
印　　刷：中国电影出版社印刷厂
开　　本：787 × 1092　1/16
印　　张：11.75
字　　数：183 千
版　　次：2018 年 5 月　第 1 版
印　　次：2018 年 5 月　第 1 次印刷
书　　号：ISBN 978-7-114-13772-3
定　　价：90.00 元

《交科智丛》

编委会

《大数据时代的智慧物流》

编　委　会

主　　编：李汉卿　姜彩良

编写成员：孙东泉　赵　辉　陈波莅

卢尔赛　王　硕

丛书前言

PREFACE

科技是国家强盛之基，创新是民族进步之魂。党的十九大站在全球发展和民族复兴高度，科学研判世界科技革命和产业变革走向，提出创新是引领发展的第一动力，是建设现代化经济体系的战略支撑，要加快建设创新型国家。交通运输部高度重视科技创新工作，围绕交通强国建设深化创新工作部署，明确科技创新支撑引领交通运输发展的主攻方向和目标任务，着力推进交通运输科技创新体系建设，大力推动以科技创新为核心的全面创新。

交通运输部科学研究院作为部直属科研事业单位，多年来坚持围绕中心、服务大局，取得了一大批政策研究和技术创新成果，为交通运输行业科技创新与技术进步作出了重要贡献。《交科智丛》丛书立足近年来院有关政策研究、技术研发等方面的科研成果，有计划地组织出版专著，注重专著的学术价值和应用价值，以展示科研精品、传播科学知识、培树高端人才、打造优质品牌，助力一流综合性科研院所建设，致力为交通强国建设做出新的更大贡献！

编委会

二〇一七年十二月

目　录

CONTENTS

第一篇　现　状　篇

第二篇　技　术　篇

第三篇 借 鉴 篇

第四篇 探 索 篇

第五篇　案　例　篇

现 状 篇

物流业是融合运输、仓储、货代、信息等产业的复合型服务业，是支撑国民经济发展的基础性、战略性产业。加快发展现代物流业，对于促进产业结构调整、转变发展方式、提高国民经济竞争力和建设生态文明具有重要意义。当前，我国物流产业增速正在趋缓，传统的产业发展方式难以满足消费型需求快速增长的要求，现有的资源条件不足以支撑产业规模的持续快速增长。随着全球新一轮科技革命的到来，为产业转型升级创造了重大机遇。大数据时代的智慧物流正在成为物流业转型升级的重要源泉。

第一章 现代物流

第一节 我国现代物流发展的现状

一、我国物流业发展的阶段

1. 初期积累阶段——物流服务内部化(1949—1977 年)

从中华人民共和国成立初期到改革开放前,我国一直实行高度集中的计划经济管理体制,生产、运输、仓储、销售等各个环节均由国家控制,企业在物流过程中缺乏自主经营的空间,物资不能按照市场规律有效地流动。在这一阶段,商业、物资、粮食、外贸等流通部门在一些大中城市建立的储运公司、仓储公司、外运公司等“商物分离”的大中型物流企业,以及附属于各专业公司、批发站的储运部、中转站、仓库等“商流合一”的小型物流企业共同形成了覆盖全国的物流网络。

2. 起步发展阶段——物流服务社会化(1978—2000 年)

随着我国经济体制的改革,市场经济迅速发展,传统的仓库和储备形态已不能满足经济发展和企业生产的要求。将储运结合在一起成为一种选择,市场已经自发出现了对于现代物流的需求。在这一时期,经济发展速度的提升与物流业发展相对滞后的矛盾日渐凸显。为顺应市场需求,20 世纪 80 年代初,我国从日本引入了“物流”概念,并积极借鉴发达国家的成功经验,推动物流业在国内的发展。

在起步阶段,我国物流产业规模迅速扩大,交通运输业在产业结构中的地位十分突出,全社会物流运行成本居高不下,物流社会化进程已经开始,第三方物流市场初具形态,但总体规模仍然较小,政府着力扶持和推动物流企业和物流设施的发展建设,物流企业在竞争中成长,并经历了优胜劣汰,但总体实力不强,大型国有和民营物流企业成为产业发展的主导和中坚力量。

3. 快速提升阶段——物流服务现代化(2001—2015年)

我国加入世界贸易组织(WTO)后,市场竞争日趋激烈,为了提高竞争力、降低运营成本,生产和销售企业对物流业的重视程度进一步提高,物流外包需求明显增加。在此历史机遇下,物流成为各级政府、各类企业和投资者高度关注的领域,在产业规划、市场培育、基础设施建设、投资与经营等方面均体现出广泛的参与热情,我国现代物流业发展进入快行道。

这些年,国内制造企业逐步整合,分离物流业务,物流产业的社会化与专业化进程加快。传统物流企业经营模式逐步细分为通用服务型、专业配套型、基础平台型等多种类型,提供个性化服务,并向其他领域跨界延伸。随着贸易、物流和金融一体化的供应链服务需求增加,金融服务和物流业务开始深度融合。电子商务物流、冷链物流、农村物流、城市配送等重点领域物流加速发展。截至"十二五"末,物流业已经由过去的末端行业,上升为引导生产、促进消费的先导行业。

4. 转型升级阶段——物流服务智慧化(2015—2030年)

截至2016年底,我国高速公路和高速铁路里程分别达到13.1万km和2.2万km,双双位居世界第一。交通线路和园区节点等物流基础设施编织形成互联互通的物流网络。跨境电商高速发展带动国际快递和海外仓储建设布局,国际物流网络助推中国企业"走出去"。随着物联网、云计算、大数据等信息基础设施逐步成熟,信息互联网带动物流基础设施的虚拟化联网和智能化升级。

随着信息技术广泛应用,大多数物流企业建立了管理信息系统,物流信息平台建设快速推进。物联网、云计算等现代信息技术开始应用,装卸搬运、分拣包装、加工配送等专用物流装备和智能标签、跟踪追溯、路径优化等技术迅速推广。

以产业融合为主,互联网与物流业深度融合,将改变传统产业的运营模式,为消费者、客户以及企业自身创造增量价值。数据代替库存、数据驱动流程、数据重塑组织成为智慧物流重要驱动力,终将形成智慧物流生态体系。

二、我国物流业发展的特点

1. 市场规模持续扩大，运行态势提质趋稳

我国已成为全球最具成长性的物流市场。2016年，全国社会物流总额约为230万亿元，按可比价格计算，同比增长6%。2016年社会物流总费用11万亿元，比上年增长3%，与国内生产总值（GDP）的比率为14.9%，比上年下降1.1个百分点，物流业降本增效潜力进一步释放。2016年，全社会货运量431.34亿t，比上年增长5.2%，货物周转量18.24万亿t·km，增长5.0%。其中，水路完成货运量63.82亿t，增长4.0%同比增长3.7%；公路完成货运量334.13亿t，增长6.1%，各运输方式增速总体平稳。2016年全国快递业务量完成312.83亿件，比上年增长51.4%，已实现连续4年增速超过45%。物流运行质量和效益稳步提升。中国物流景气指数在2016年呈现低开高走，全年均值55.2%，较上年提高0.2个百分点，下半年开始维持在60%上下，进入高位景气区间，表现出较强的回升势头。2012—2016年社会物流总额及增长情况如图1-1所示。2016年社会物流总费用构成占比情况如图1-2所示。2012—2016年社会物流总费用与增长率情况如图1-3所示。

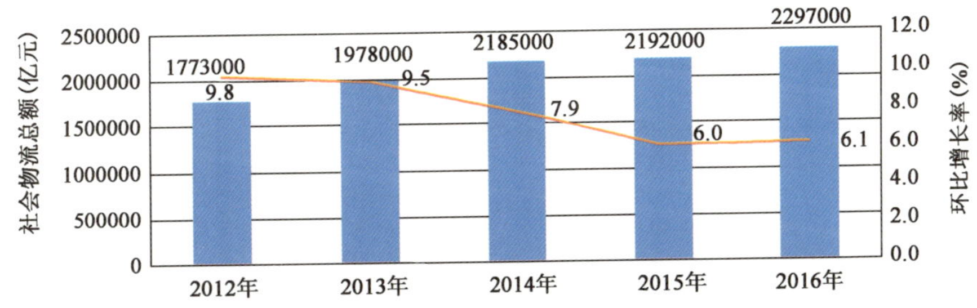

图1-1　2012—2016年社会物流总额及增长情况

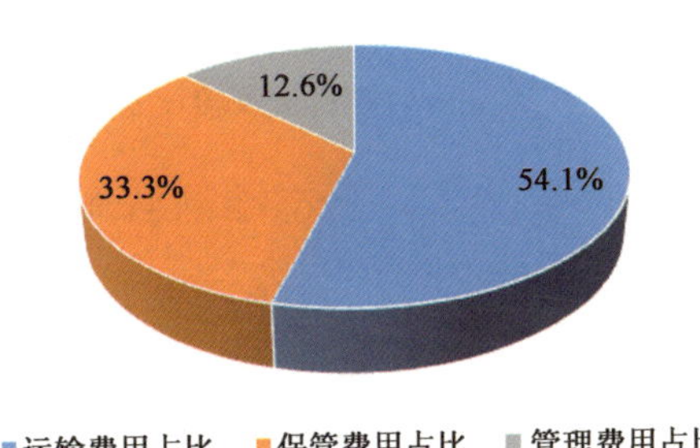

图1-2　2016年社会物流总费用构成占比情况

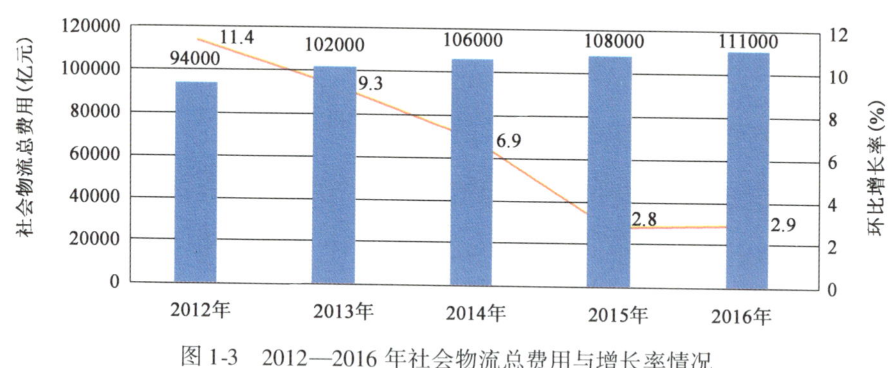

图 1-3　2012—2016 年社会物流总费用与增长率情况

2. 市场供需深度调整,结构转换步伐加快

一是工业品物流需求缓中趋稳。装备制造业、高新技术产业物流需求持续加快,采矿、高耗能行业物流需求增速回落;二是进口物流需求增速逐季回稳。2016年进口物流总额同比增长 7.1%,全年呈现出前低后高、逐季回稳的向好态势(图 1-4);三是单位与居民需求保持快速增长。2016 年,消费对物流需求的拉动效应进一步显现。全年单位与居民物品物流总额同比增长 42.8%,电商等新业态物流需求持续高速增长。2016 年,我国快递服务企业业务量全年累计完成 312.8 亿件,同比增长 51.4%。

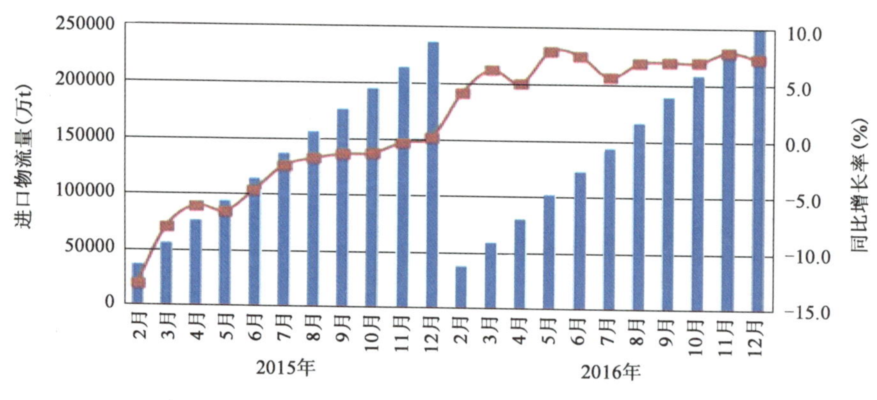

图 1-4　2016 年进口物流量及增长变化情况

受新 GB 1589 修订出台和新一轮公路治超新政影响,公路货运市场去运力步伐加快,公路过低的运价出现合理回归。公路运量向铁路运输转移,铁路货运止跌回稳,连续 5 个月实现正增长,2016 年国家铁路发送货物 26.5 亿 t。

3. 市场主体洗牌加速,发展方式变革创新

进入"十三五"发展初期,我国物流企业通过兼并重组、战略调整、联盟合作等

多种方式，市场集中度进一步提高。截至2016年底，物流企业规模化、集约化发展进一步加速，A级物流企业超过4000家。一是兼并重组、联盟合作案例增多。中国远洋运输总公司与中国海运总公司重组成立中国远洋海运集团有限公司；中储股份成为英国HB集团的控股股东，进入海外大宗商品期货交割仓库业务领域；安得物流与苏宁达成战略合作，共享全国范围网络资源。二是跨界融合、平台整合，经营模式不断创新，快递、快运、整车等细分物流市场互相渗透，市场边界渐趋模糊，各类企业深入推进平台战略，平台型企业整合提升，自营类企业向社会开放仓配网络。三是供应链全链条服务升级，一批物流企业融入制造、商贸企业供应链，开展供应商管理库存、物流仓配一体化、供应链金融等业务，优化供应链协作关系。四是物流企业结缘资本市场，长久物流、宝湾物流、圆通速递、申通快递等一批快递、物流企业相继登陆A股市场；卡行天下、运满满、货车帮、天地汇等一批新兴企业吸引新一轮融资。

4. 智慧物流加速起步，"互联网+"深入推进

2016年7月，国务院总理李克强主持召开国务院常务会议，部署推进"互联网+"高效物流工作。一年来，以"互联网+"高效物流为标志的"智慧物流"加速起步，催生了一批新模式、新业态、新企业。一是"互联网+高效运输"。自2014年下半年以来，在货运市场上出现了一批像"互联网+车货匹配""互联网+货运经纪""互联网+甩挂运输""互联网+合同物流"等的"互联网+"创新模式。从2016年12月起，交通运输部启动无车承运人试点工作，探索公路货运模式转型。二是"互联网+智能仓储"。企业积极开发全自动仓储系统，使用智能仓储机器人，开展无人机配送，充分利用仓储信息，优化订单管理，大幅提高仓储作业机械化、自动化和信息化水平。三是"互联网+便捷配送"。一批关注末端配送的平台型企业，搭建城市配送运力池，开展共同配送、集中配送、智能配送等模式，致力于解决"最后一公里"痛点。四是"互联网+智慧物流"。货物跟踪定位、无线射频识别、电子数据交换、可视化技术、移动信息服务和位置服务等一批新兴技术在物流行业得到广泛应用，全国道路货运车辆公共平台入网车辆突破400万台。

5. 物流开放双向推进，服务国家发展战略

一是围绕"一带一路"倡议，布局物流服务网络。国家发布《中欧班列建设发展规划(2016—2020年)》，全面部署未来5年中欧班列建设发展任务。2016年，中欧班列全年开行1702列、同比增长109%，物流业配合"一带一路"倡议，加大网

点建设与网络布局。如招商局集团实施"雁型出海"模式,全球运营港口超过30个,布局"一带一路"沿线国家。二是服务长江经济带、京津冀协同发展战略。交通运输部主持召开推动长江经济带交通运输发展部省联席第一次会议,力争把全流域打造成黄金水道,高水平、高起点建设综合立体交通走廊。河北、天津积极承接北京物流服务,打造京津冀一体化物流服务圈。三是物流业全面开放,实施"走出去"战略。作为加入WTO以来开放最早的服务行业,我国物流业已经实现了全面开放,开放的市场环境吸引了大批跨国企业全面进入国内市场;随着"走出去"战略实施,中外运、中远物流等国内企业积极拓展国际市场,阿里巴巴等电商和快递企业,纷纷参股国际快递企业、投资海外仓储设施、打造物流通关渠道,支持跨境电商发展。

6. 补短强基加快推进,物流设施提档扩容

截至2016年底,我国高速公路和高速铁路里程分别突破13.1万km和2.2万km,均居世界第一。全国高速公路电子不停车收费系统(ETC)实现联网,统一收费成为可能。水路、航空等运输服务能力稳步增长,高效便捷的综合运输体系初步成型。根据中国物流与采购联合会《全国物流园区(基地)第四次调查》,全国共有符合调查要求的物流园区1210家,投入运营的比例大幅上升,以物流园区为支撑的产业生态圈正在逐步形成;铁路总公司正在全国建设208个铁路物流基地。多式联运受到重视,交通运输部等18个部门发布《关于进一步鼓励开展多式联运工作的通知》,提出构建高效顺畅的多式联运系统;2015年国家正式启动多式联运示范工程,推动运输资源的高效整合和运输组织的无缝衔接,第一批16个多式联运示范工程项目已经通过评审并进入运营示范期。

7. 低碳节能理念培育,绿色物流推进实施

交通运输领域落实推进节能减排低碳发展行动。推广节能和清洁能源交通运输装备。严格执行营运车辆燃料消耗量限值标准,不达标的车辆不准进入道路运输市场。2015年起,"国四"排放标准正式实施,黄标车淘汰力度加大。新能源汽车在货运行业得到推广应用,一些城市新能源快递配送车辆获得通行准入。液化天然气(LNG)等清洁能源汽车快速发展。推进内河船型标准化,鼓励建造高能效示范船。推动靠港船舶使用岸电技术应用,鼓励港口开展装卸工艺节能改造。加强交通运输装备绿色维护管理,积极推广应用机动车绿色检测维修设备及工艺,推广太阳能发电屋顶在仓储行业中的应用。

8.基础工作不断完善,全面提速人才培养

物流标准、统计、人才教育等基础工作取得积极成效。《物流标准化中长期发展规划》印发执行,一批新的物流国家标准开始实施。2015年,中国物流与采购联合会作为国家试点单位启动团体标准试点工作。物流统计调查制度不断完善,采购经理人指数(PMI)提供决策参考,物流业景气指数、公路物流运价指数、中国仓储指数等陆续发布,物流指数体系不断扩充完善。物流教育培训工作迅猛发展。目前全国已有443所本科院校、954所高职高专院校、900多所中职院校开设了物流专业。"物流管理与工程"正式进入教育部全国学科目录一级学科,物流基础理论研究和产学研结合取得新成果。

9.物流政策密集出台,外部环境持续向好

党中央、国务院高度重视物流业的发展。2014年9月,国务院出台《物流业发展中长期规划(2014—2020年)》,近年来,为了贯彻规划的目标,国务院及有关部门就交通物流融合发展、"互联网+高效物流"、多式联运、电子商务物流、服务型制造、节能环保、物流业补短板和降本增效等出台了一系列政策措施,各地政府部门贯彻落实国家政策,出台相关配套政策措施。从2015年开始,全国现代物流工作部际联席会议形成新的运行机制,由国家发展和改革委员会(简称"发改委")、商务部、交通运输部、工业和信息化部和中国物流与采购联合会轮流主持,支持物流业发展的部门间合力逐步加强,行业政策环境持续改善。"营改增"试点全面扩围,无运输工具承运业务和道路通行服务开票资格获得承认。车型标准化工作有序推进,为期一年的新一轮治超工作开展,车辆运输车治理取得成效。无车承运人试点启动,一批试点企业名单发布。商贸物流标准化试点推进,标准化托盘扩大使用范围。快递市场清理整顿工作开展,寄递物流渠道安全要求升级。

三、我国物流业发展的主要问题

总体上看,我国物流业已进入转型升级的新阶段。但物流业的发展方式仍比较粗放,发展总体水平有待进一步提高。

1.结构性矛盾依然突出,供给侧能力亟待增强

大量存量资源服务于传统物流业务,无法满足现代服务需求,增量资源受投入不足和体制机制约束,难以创造新需求,导致供给质量下降和有效供给不足。

具体而言,物流企业“小、散、弱”的格局尚未得到根本改变,专业化、一体化的综合服务能力不足。物流设施和装备的信息化、标准化、自动化水平不高,传统仓储设施比例较大,现代化的立体仓、标准仓相对缺乏,冷藏运输车辆、新能源运输车辆占比偏低,物流设施装备结构有待进一步优化。港口、机场等枢纽集疏运体系亟待完善,多式联运能力有待进一步加强。国际物流服务网络建设仍然滞后,境外服务能力亟待提升。物流供给结构不合理抑制了物流需求的释放,物流供给侧能力亟待增强。

2. 物流总费用持续偏高,全行业盈利能力偏低

受产业结构、运输方式、组织化程度等因素的影响,我国物流成本居高不下,影响了企业的盈利能力和经济效益。数据显示,我国企业物流成本占销售额的比例为20% ~40%,而发达国家在9.5% ~10%;2016年,虽然我国社会物流总费用占GDP的比重下降为14.9%,但仍然大大高于美国、日本、德国等发达国家,也高于印度、巴西等新兴市场国家。此外,物流设施之间不衔接、不配套、信息不通畅等问题还比较突出,直接拉高了物流业运营成本。

3. 区域阶梯性布局明显,城乡“二元鸿沟”待填平

我国物流产业空间发展不平衡,东部沿海地区明显领先于中西部地区,表现为物流基础设施和规模大的物流企业多集中于东部沿海地区。据统计,我国物流基础设施54%分布在东部、30%分布在中部、16%分布在西部,呈现明显梯级递减模式。在2016年度的中国物流百强企业中,东部地区有86家,而中西部地区仅有14家;在前10名的企业中,央企占3家,剩下7家企业分别来自上海(3家)、广东(1家)、福建(1家)、辽宁(1家)、河北(1家),中西部地区企业无一入选。物流基础设施“鸿沟”已经成为制约中西部物流产业快速发展的瓶颈。目前,农村交通网络还不够发达,农产品物流设施、设备落后,农产品现代物流企业几乎是空白,造成我国农产品物流低效率。据资料显示,我国水果、蔬菜等农副产品在采摘、运输、储存等物流环节上的损失率高达25% ~30%。

4. 物流体制障碍待突破,简政放权有较大空间

我国现行物流业管理模式,条块分割、阻碍物流业发展的体制机制障碍仍未打破。我国现行的条块分割的物流管理体制,使得物流业的管理权限被分割在若干个部门和地区,各部门和地区之间在监管标准、方式及手段等方面存在较大差

距，对物流企业跨地域、跨行业经营带来极大困扰，也极大地制约了物流行业的服务创新，对物流服务的创新造成了严重的约束。目前，我国物流管理环节的成本仍较高，占社会物流总费用的12%左右，美国仅为3%；物流业涉及行政审批和许可管理部门较多，同一经营事项往往涉及多个部门，存在多头管理、重复审批现象；此外，互联网应用的普及也对行政审批管理提出新的应用要求。

5. 政策落实需统筹协调，信用体系仍暂时缺位

物流政策法规体系不够完善，政策"碎片化""落地难"等问题仍较为突出。物流业信用体系建设亟待加强，从业人员整体素质有待进一步提升。法规制定、从业监管、监测分析等有待进一步加强，市场无序竞争和低水平竞争现象尚未真正改观。信用体系仍未实现全覆盖，个人、企业的信用档案及信用体系联网共用，仍需加强与推进；失信个人及企业的违规、违法成本较低，物流企业供应商的选择尚需完善的政策环境支撑。政府及行业协会在政策、法律、咨询、市场信息等方面配套服务和指导也亟待加强，行业协会的定位需要更加明确与清晰。

第二节　发达国家物流业发展趋势

以德国、日本、美国为代表的发达国家的物流业发展整体呈现出安全、可靠、快速、可持续、高效、绿色等特点。德国《货物运输与物流行动计划——向可持续和高效未来发展》中除了强调安全、可靠、快速以外，还特别突出了可持续和高效两个方面；日本《综合物流施策大纲（2013—2017年）》则重点突出了高效、绿色、安全；美国《修复美国地面运输法案》的货运条款部分主要强调了安全、高效、可靠。具体来说，物流业发展呈现出以下八个趋势。

一、物流系统集成化

传统物流一般只是货物运输的起点到终点的流动过程，如，产品出厂后从包装、运输、装卸到仓储这样一个流程，而现代物流，从纵向看：它将传统物流向两头延伸并注入新的内涵，即从最早的货物采购物流开始，经过生产物流再进入销售领域，其间要经过包装、运输、装卸、仓储、加工配送等过程到最终送达用户手中，甚至最后还有回收物流，整个过程包括了产品出"生"入"死"的全过程。从横向看：它将社会物流和企业物流、国际物流和国内物流等各种物流系统，通过利益输

送、股权控制等形式将它们有机地组织在一起,即通过统筹协调、合理规划来掌控整个商品的流动过程,以满足各种用户的需求和不断变化的需要,争取做到效益最大和成本最小。国际物流的集成化,是将整个物流系统打造成一个高效、通畅、可控制的流通体系,以此来减少流通环节、节约流通费用,达到实现科学的物流管理、提高流通的效率和效益的目的,以适应在经济全球化背景下“物流无国界”的发展趋势。可以说,过去物流企业是单个企业之间的竞争,现在已经演变成一群物流企业与另一群物流企业的竞争、一个供应链与另一个供应链的竞争、一个物流体系与另一个物流体系的竞争。物流企业所参与的国际物流系统的规模越大,物流的效率就越高,物流的成本就越低,物流企业的竞争力就越强,这种竞争是既有竞争、又有合作“共赢”关系。国际物流的这种集成化趋势,是一个国家为适应国际竞争正在形成的跨部门、跨行业、跨区域的社会系统,是一个国家流通业正在走向现代化的主要标志,也是一个国家综合国力的具体体现。

二、物流管理网络化

在系统工程思想的指导下,以现代信息技术提供的条件,强化资源整合和优化物流过程是当今国际物流发展的最本质特征。信息化与标准化这两大关键技术对当前欧美及日本等国的国际物流整合与优化起到了革命性的影响。同时,又由于标准化的推行,使信息化的进一步普及获得了广泛的支撑,使国际物流可以实现跨国界、跨区域的信息共享,物流信息的传递更加方便、快捷、准确,加强了整个物流系统的信息连接。现代国际物流是在信息系统和标准化的共同支撑下,借助于储运和运输等系统的参与、借助于各种物流设施的帮助,形成了一个纵横交错、四通八达的物流网络,使国际物流覆盖面不断扩大,规模经济效益更加明显。以法国 KN 公司为例,该公司在没有自己的轮船、汽车等运输工具的情况下,通过自行设计开发的全程物流信息系统,对世界各地的物流资源进行整合,在全球 98 个国家、600 个城市开展物流服务,形成了一个强大的物流网络。目前,该公司空运业务已排名世界第五,每周运输量 1.9 万次,海运业务一年毛利约为 40 亿欧元。

三、物流标准统一化

国际物流的标准化是以国际物流为一个大系统,制定系统内部设施、机械装备、专用工具等各个分系统的技术标准;制定各系统内分领域的包装、装卸、运输、配送等方面的工作标准;以系统为出发点,研究各分系统与分领域中技术标准与工作标准的配合性;按配合性要求,统一整个国际物流系统的标准;最后研究国际物流系统与其他相关系统的配合问题,谋求国际物流系统标准的统一。随着经济全球化的不断深入,世界各国都很重视本国物流与国际物流的相互衔接问题,努力使本国物流在发展的初期,其标准力求与国际物流的标准体系相一致。因为现在如果不这样做,以后不仅会加大与国际交往的技术难度,更重要的是,在现在的关税和运费本来就比较高的基础上,又增加了与国际标准不统一所造成的工作量,将使整个外贸物流成本增加。因此,国际物流的标准化问题必须引起更多的重视。目前,一些国际物流行业和协会,在国际集装箱和电子数据交换(EDI)技术发展的基础上,开始进一步对物流的交易条件、技术装备规格,特别是单证、法律条件、管理手段等方面推行统一的国际标准,使物流的国际标准更加深入地影响到国内标准,使国内物流日益与国际物流融为一体。

四、物流服务精细化

随着现代经济的发展,更快的响应速度,要求物流企业必须及时了解客户的需求信息,全面跟踪和监控需求的过程,及时、准确、优质地将产品和服务递交到客户手中。协同配合的能力,要求物流企业必须与供应商和客户实现实时的沟通与协同,使供应商对自己的供应能力有预见性,能够提供更好的产品、价格和服务;使客户对自己的需求有清晰的计划性,以满足自己生产和消费的需要。国际物流为了达到零阻力、无时差的协同,需要做到与合作伙伴间业务流程的紧密集成,加强预测、规划和供应,共同分享业务数据、联合进行管理执行以及完成绩效评估等。早在 20 世纪 90 年代,台湾电脑业就创建了一种“全球运筹式产销模式”,采取按客户订单、分散生产形式,将电脑的所有零部件、元器件、芯片外包给世界各地的制造商去生产,然后通过国际物流网络将这些零部件、元器件、芯片集中到物流配送中心,再由该配送中心发送给电脑生产厂家。自 20 世纪 80 年代以来,美国、欧洲等一些发达国家开始进行了一场“物流革命”,其内容是对物流各种功能、要素进行整合,使物流活动系统化、专业化,出现了专门从事物流服务活动的“第三方物流”企业。随后,各种专业化的物流服务企业在欧美发达国家大量涌现并加速发展,使物流服务功能更强大,服务质量更精细。物流产业已经成为发达国家服务业中的一个重要组成部分。

五、物流园区便利化

为了适应国际贸易的急剧扩大，许多发达国家都致力于港口、机场、铁路、高速公路、立体仓库的建设，一些国际物流园区也因此应运而生。这些园区一般选择靠近大型港口和机场兴建，依托重要港口和机场，形成处理国际贸易的物流中心，并根据国际贸易的发展和要求，提供更多的物流服务。如日本，为了提高中心港口和机场的国际物流功能，重点在京滨港、名古屋港、大阪港、神户港进行超级中枢港口项目建设，对成田机场、关西机场、羽田机场进行扩建，并在这些国际中心港口和空港附近设立物流中心，提高国际货物的运输和处理能力。这些国际物流中心，一般都具有保税区的功能。此外，港口还实现24小时作业，国际空运货物实现24小时运营。在通关和其他办证方面，也提供许多便利。国际物流和国内物流，实际上是货物在两个关税区的转接和跨国界的流动，要实现国内流通体系和国际流通体系的无障碍连接，必须减轻国际物流企业的负担、简化行政手续、提高通关的便利化程度。日本在这方面实行了同一窗口办理方式，简化了进出口以及机场港口办理手续，迅速而准确地进行检疫、安全性和通关检查。因此，国际物流园区的便利化发展，不仅有赖于物流企业本身的努力，而且特别倚重于政府的支持。而如何围绕机场、港口建立保税区、保税仓库，提供“点到点”服务、“一站式”服务，则是国际物流中心规划必须深入考虑的问题。

六、物流运输现代化

要适应当今国际竞争节奏加快的特点，仓储和运输环节要求现代化，要求通过实现高度的机械化、自动化、标准化手段来提高物流的速度和效率。国际物流要求建立起海路、空运、铁路、公路的“立体化”运输体系，来实现快速便捷的“一条龙”服务。为了提高物流的便捷化，当前世界各国都在采用先进的物流技术，开发新的运输和装卸机械，大力改进运输方式，比如应用现代化物流手段和方式，发展集装箱运输、托盘技术等。美国的物流效率之所以高，原因在于美国的物流模式是善于将各种新技术有机融入具体物流运作中，因而能在世界上率先实现高度的物流集成化和便利化。这也使从事物流的企业，利润和投资收益持续增加，进而诱发新的研究开发投资，形成良性循环。总之，融合了信息技术与交通运输现代化手段的国际物流,对世界经济运行将继续产生积极的影响。

七、物流链条绿色化

物流领域越来越多关注环境问题,物流企业也在探索减少环境污染的同时来提高自己的利润。例如,利用太阳能源、选用清洁燃料、3R 理论(减少原料的使用,重复利用,循环利用)、新型包装等。同时,物流企业在评估企业利润的时候,也考虑在非绿色运营而造成环境污染所带来的代价。例如,BP 公司已经在墨西哥湾原油泄漏事件上花费了 43 亿美元。美国在公布企业的税收排行榜同时,也公布了环保企业的排行榜。很多公司都提供了很多创新的绿色物流做法,如本田集团致力于成为世界上最干净、有效的制造商,他们也提出了再制造的理念。

八、物流体系智慧化

随着物联网、云计算、大数据等新一代信息技术将进入成熟期,物流人员、装备设施以及货物将全面接入互联网,呈现指数级增长趋势,“万物互联”将助推智慧物流发展,实现连接升级。物流数字化程度将显著提升,打破行业信息不对称和信息孤岛现象,实现物流“全程透明化”。大数据和互联网将全面更新物流运作方式,物流将更加接近消费者,依托开放共享的物流服务网络,众包、众筹、共享等新的分工协作方式将得到广泛应用,重构企业业务流程和经营模式。智慧物流将引领智慧供应链变革,带动互联网深入产业链上下游,以用户需求倒逼产业链各环节强化联动和深化融合,将深刻影响社会生产和流通方式,促进产业结构调整和新旧动能转换,推进供给侧结构性改革。

第二章　大数据时代

第一节　大数据技术的特点

大数据技术对于不同行业而言,可谓机遇与挑战并存,掌握大数据技术的特点是综合运用大数据技术的基础。大数据技术具有以下特点:

1. 复杂性

大数据技术的数据类型、数据结构较为复杂,比如在数据类型方面,除了常规的文本信息,还包含了图像信息、音频信息、视频信息等,因而在数据挖掘方面,常规的挖掘技术将无法发挥作用,这种复杂性对于数据挖掘技术提出了更高要求;而在数据结构方面,一些非结构化数据成了数据类型中的主体,对非结构化数据的处理有了新的要求。

2. 不确定性

大数据中包含的数据众多,单一数据是否对于数据分析具有应用价值具有极大的不确定性,在数据的不同维度以及尺度方面也存在着不确定性,相应地在数据挖掘方面就需要寻找新的挖掘技术;数据的不确定性使得数据模型建立也具备了不确定性。

3. 及时性

大数据技术能够及时地对各种数据进行分析和处理,并做出快速响应,从而帮助人们快速发现各种异常,以便及时应对和解决。

4. 高效性

大数据技术具有高效率的数据挖掘能力,能快速发现大量数据中的内在规律,从而可以提高企业的运营效率和政府的管理效率。

5. 分布性

大数据的分布式并行处理能够对复杂的块表进行关联分析,可以支撑高并发多用户的访问,从而有效支撑人们在事件中快速处置、多方协同合作。

6. 预测性

大数据技术的预测能力帮助人们预先判断事物的发展情况,并在此基础上做出有效决策。

第二节　大数据时代的商业模式变革

在大数据时代,对于时刻关注市场走向的企业来说,他们需要关注的数据显然已经不仅限于企业内部数据库中的业务数据,还要包括互联网(以及未来的物联网)上各类网络活动所产生的相关数据记录,企业通过迅速获得客户和供应商以及各方利益相关者留下的相关数据,对这些大量数据进行处理和分析,制造出各方满意的产品和服务,从而提升自身的核心竞争力,显然传统数据仓库的性能已无法应付这些庞大的信息,但是大数据技术使企业能够访问和使用这些宝贵的、大规模的数据集以应对越来越复杂的数据分析和更好的商业决策的制定。企业利用大数据技术从大数据中挖掘价值,使数据成为一种重要的商业资本和经济投入,企业要想从大数据中获得更多的经济效益,就必须改变思维和管理模式,在传统的商业模式之上进行创新,因此,新型的商业模式正在不断涌现。本书给出了目前比较流行的新型商业模式。

一、数据租售服务模式

数据租售服务是指服务提供商针对某一个领域或者行业,从中收集大量的有价值的数据并进行精心的处理,通过移动设备、期刊、第三方应用程序(APP)等多种方式把整理的数据集合发送给有需要的客户,以租赁或销售的方式来获取报酬的一种营销模式。在这个新型的商业模式中,数据不单单只是数字,而是变成了有价值的、可以交换的商品,这正体现了“数据资产化”的先进理念。例如百度通过搜集整理网络玩家搜索热点,建立了网络玩家数据库,销售给网络游戏运营商,创造了以数据销售为主、广告服务为辅的双轨盈利模式。与数据租售服务模式相类似的还有一种数据存储空间租售服务模式,简单地说就是企业和个人需要把大量有价值的数据存储起来,超过了自己现有存储工具的存储能力,这样就需要一个存储提供商,通过使用应用程序接口(API),可以非常方便地将客户的各种数据放在云端,然后再以租赁的方式收取费用。目前已有多个企业推出相应服务,如网易、亚马逊等。运营商也推出了相应的服务,如中国移动的彩云业务等。

二、数据分析服务模式

数据分析服务是指服务提供商通过以有效渠道获得的大数据集,利用大数据技术,比如数据挖掘、数理统计等方法,分析和判断这些数据的规律、特点以及未来的变化趋势,向客户提供分析结果的服务。专门负责提供数据分析服务的企业向客户提供了有价值的数据分析,极大地为客户带来了方便,更能及时地从中获取价值。例如一家商品生产商想要了解自己生产的哪一种商品更受消费者欢迎,这时便需要借助互联网商情分析服务提供商,通过对来源于购物网站、微博、社交论坛等的海量信息进行语义分析并提取与生产商相关的产品数据,可以得到关于某商品的营销现状、商品的褒贬情况以及客户满意程度等信息的判断结果,并将数据分析的结果提供给该商品的生产商。这种数据分析服务商业模式往往对一个企业经营决策产生巨大的影响,在为企业提升数据资源利用能力的基础上,让企业的决策也变得更加准确,这便是“数据分析商用化”的具体表现。

三、本地化数据集市与个性化精准推荐

建设本地化数据集市是指数据平台服务商基于其拥有的数据资产,为用户提供云数据库、数据推送、数据访问等服务,建立本地化数据访问平台,使每个客户和企业都能免费或者以一定的价格从该平台上访问或下载所需要的数据资源,运营商有着本地化的优势,使所提供的平台能够最大限度地覆盖本地的服务、娱乐、购物和医疗等基础数据。典型的应用就是中国移动推出的“无线城市”,移动用户只需拿起手机登录“无线城市”平台,便可了解到最新的社会生活信息,极大方便了人们的生活,也给本地化数据集市平台带来多元化的盈利模式。

个性化精准推荐是指服务商利用本地化数据集市这个平台,利用数据挖掘技

术，搜集客户普遍关注和爱好的业务，帮助客户进行精准营销。例如日常时候中我们的移动设备经常收到一些类似推销广告的短信，由于运营商没能抓住我们真正的需求，往往这些短信被我们视为“垃圾信息”。再例如我们利用暴风影音等视频播放软件进行观影的时候，软件会自动根据用户的爱好向用户推送类似的节目等，这些都是个性化精准推荐的应用。

四、数据化实时定位服务

数据化实时定位是指运营商在卫星导航系统（GPS）的基础上研发属于自己的地理定位系统，这些系统通过移动设备，收集用户的地理位置数据，对数据进行分析来提升运营商移动互联网的服务水平。例如，从个人层面讲，根据个人所居住的地点和要去的目的地的数据，以此提供最佳的行车路线等信息。从宏观层面来说，每天都有上百万手机用户行驶在高速公路上，位置数据服务商 AirSage 每天都要处理超过 150 亿条的位置信息，根据分析海量的位置信息，为美国的近 100 座城市提供实时的交通信息。目前，UPS 快递的最佳行车路径在大数据时代下崭露头角，UPS 的最佳行车路径利用了地理定位数据，为了防止快递车辆出现晚点或发动机故障，它在车上装有传感器、GPS 和无线适配器，这样就能及时追踪到车辆的行驶位置，并且也可以根据车辆所在位置进行行车路线的优化，使得行车的安全性和效率都得到了很大的提升。

第三章　智 慧 物 流

第一节　智慧物流的产生

智慧物流是将先进的物联网技术、大数据挖掘技术、传感技术、控制技术及人工智能技术等有效地集成应用于物流活动的各个环节和主体，具有感知和学习能力的高效物流系统。

2009 年，IBM 中国研究院提出了“智慧物流”的构想，认为智慧物流首先是以智慧供应链为基础，即建立一个面向未来的具有先进、互联和智能三大特征的供应链，通过感应器、射频识别技术（RFID）标签、GPS 和其他设备及系统生成实时信息的“智慧供应链”，与智能物流强调构建一个虚拟的物流动态信息化的互联网管理体系不同，“智慧物流”更重视将物联网、传感网与现有的互联网整合起来，通过以精细、动态、科学的管理，实现物流的自动化、可视化、可控化、智能化、网络化，从而提高资源利用率和生产力水平，创造更丰富社会价值的综合内涵。

2016 年 7 月，国家发改委在《互联网 + 高效物流实施意见》中，提出依托互联网，形成开放共享、合作共赢、高效便捷、绿色安全的智慧物流生态体系，使得先进信息技术在物流领域广泛应用，仓储、运输、配送等环节智能化水平显著提升，物流组织方式不断优化创新；基于互联网的物流新技术、新模式、新业态成为行业发展新动力，与“互联网 + ”高效物流发展相适应的行业管理政策体系基本建立，物流效率效益大幅提高，标志着以互联网、大数据、云计算等现代信息技术为引导的智慧物流进入了全新的发展阶段。

2016 年 7 月,交通运输部在《综合运输服务“十三五”发展规划》中,提出围绕培育壮大多业联动产业集群,服务构建开放型经济新体制,推动运输服务与前后向、上下游关联紧密产业的协同联动,促进形成“运输服务 +”跨界融合发展新格局,实现要素更有序流动、资源更高效配置和市场更深度交互。适应智能制造的需要,推进智慧物流服务,统筹规划制造业集聚区配套物流服务体系,引导物流企业完善智能货运与物流系统,促进物流业与制造业相关标准对接、资源交互、信息共享。

在过去十年里,总结不同机构对于智慧物流提出了很多描述,从最基本的信息技术、自动化等方面的应用,聚焦在货物流通过程中的可视、可控等,到当前依托互联网技术,实现行业资源互联共享、产业融合、创建新商业新模式和生态体系等目标,都体现了智慧物流对于行业微观层面和宏观层面发展带来的变革作用。

第二节 中国智慧物流的发展现状

一、智慧物流成为物流业发展新动能

近年来,我国物流业市场规模持续扩大、结构深入优化,新理念、新模式、新业态、新技术不断涌现,物流碎片化、去中心化等趋势特征日趋显著,信息联通、开放共享和智能化等核心理念得到普遍认可。

1. 智慧物流引领行业发展趋势

快递市场规模迅速增长。进入 21 世纪以来,我国物流业增速经历了由快趋缓、逐步企稳的过程。2001—2008 年,我国社会物流总额年均增长在 20% 以上。2008 年全球金融危机爆发后,社会物流总额增速出现了较大波动。2012—2016 年,社会物流总额年均增长 8% ,其中 2015 年、2016 年增速回落至 3% 和 5% 。与此同时,随着电子商务的快速兴起,快递市场规模呈现出连续跨越式增长态势。据国家邮政局统计,继 2014 年、2015 年我国快递年业务量先后突破 100 亿件和 200 亿件后,2016 年再上新台阶,超过 300 亿件。全年快递企业业务量达 312.8 亿件,同比增长 51.4% ;业务收入累计完成 3974.4 亿元,同比增长 43.5% 。社会物流总额与快递业务收入增长比较如图 3-1 所示。

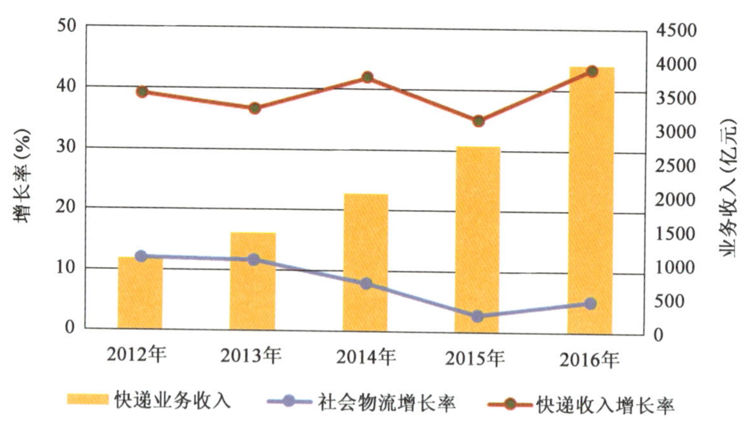

图 3-1 社会物流总额与快递业务收入增长比较

物流碎片化特征日益显著。传统商业模式下,物流主要指以大批货物为主的运输和仓储;电子商务兴起后,小包装、多频次的包裹快递需求持续扩大,物流碎片化特征开始显现。国家统计局公布的数据显示,2016 年网络零售额达到 5.2 万亿元,同比增长 26%,快递包裹量增长超过 50%。经分析,快递业务增长率高于网络零售增长率的原因主要有两个:一是包裹对应货值进一步降低,包裹数量进一步碎片化;二是移动社交网络蓬勃发展,大量基于移动社交网络的商品交易尚未纳入现有电商统计范畴。

物流去中心化特征明显。传统经济条件下,流通业的发展依赖于所在的地域。根据国家统计局统计,全国交易额在 1 亿元以上(含 1 亿元)的商品批发市场超过 5000 个,摊位超过 350 万个,营业面积约 3 亿 m^2。这些专业市场作为传统流通业的重要分销渠道,是商品交易和信息中心,也是物流集散中心。而电子商务平台兴起后,由于其天然具有统一大市场、大流通的属性,使得任何人在任何地方、任何时间均可达成交易意向,地理位置不再重要。例如,阿里巴巴集团 2016 财年电商交易额(GMV)突破 3 万亿元,超过沃尔玛成为全球最大的零售平台。这场流通革命带来了物流属性的根本性改变。全国网络零售额与快递业务量增长比较如图 3-2 所示。

2. 智慧物流是物流业降本提质增效的重要手段

智慧物流通过信息联通、资源共享、智能化应用等措施,有望从根本上降低物流成本,大大提高服务质量和效率。

信息联通是智慧物流的重要基础。当前,我国物流业信息化程度整体不高,全国 7000 万家中小企业和个体工商户之间缺乏信息互联互通,“信息孤岛”现象突出。供求信息不匹配,信息交换不顺畅,供应链传导不及时,势必增加企业成本、降低效率,严重影响服务质量。只有打通信息联通的渠道,推进信息开放共享,智慧物流才具备成长的基础。

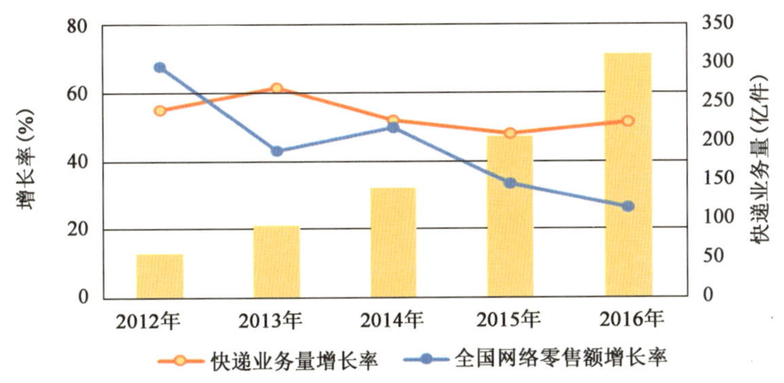

图 3-2　全国网络零售额与快递业务量增长比较

共享经济是智慧物流的发展方向。例如,快递末端网点的重复建设客观上造成了资源浪费、效率低下、过度竞争以及交通拥堵等问题。为解决“最后一公里”难题,企业通过与高校、社区服务站、便利店、商超、物业等既有社会资源合作,设立代收代存的末端网点,有效解决了末端配送的效率和成本问题。

自动化是智慧物流的必由之路。据预测,到 2020 年,我国网络零售额将超过 10 万亿元人民币,在社会消费品零售总额占比将超过 20%,未来五年左右全年包裹量有望超过 1000 亿件。按目前劳动效率推算,电商物流从业人员需求将超过 600 万人。为解决劳动力供应紧张的局面,物流行业自动化设施设备必将被普及应用。例如,菜鸟广州增城电商物流园投入建设的一整套自动化系统,每天可高效处理超百万级商品,货品的运输、仓储、装卸、搬运等七个环节可一体化集成,效率至少提升 30%,拣货准确率接近 100%。广州增城电商物流园自动化分拣设施如图 3-3 所示。

图 3-3　广州增城电商物流园自动化分拣设施

3. 智慧物流成为物流业发展新的价值体现

以互联网、大数据、云计算等技术为代表的智慧物流快速发展,激发了大量的物流商业模式创新和新的市场进入者,为大众创业、万众创新提供了不竭动力。

2016 年 9 月,交通运输部办公厅发布《关于推进改革试点加快无车承运物流创新发展的意见》,鼓励无车承运人依托移动互联网等技术搭建物流信息平台,通过管理和组织模式的创新,集约整合和科学调度车辆、站场、货源等零散物流资源。新模式借助新技术产生的业务创新,迅速得到了广泛欢迎。各地企业踊跃申报试点,入选企业数量达到 283 家。

二、利好政策推动智慧物流快速发展

2016 年,国务院办公厅和各有关部门密集出台了多项物流行业政策,智慧物流的发展得到了国家高度重视。2016 年以来智慧物流相关政策汇总见表 3-1。

2016 年以来智慧物流相关政策汇总 表 3-1

<table>
<tr><th>发文机构</th><th>文件名称</th><th>发文时间</th></tr>
<tr><td>国务院办公厅</td><td>关于深入实施“互联网 + 流通”行动计划的意见</td><td>2016 年 4 月</td></tr>
<tr><td>国务院办公厅</td><td>营造良好市场环境推动交通物流融合发展实施方案</td><td>2016 年 6 月</td></tr>
<tr><td>国务院办公厅</td><td>物流业降本增效专项行动方案(2016—2018 年)</td><td>2016 年 9 月</td></tr>
<tr><td>国家发改委</td><td>“互联网 + ”高效物流的实施意见</td><td>2016 年 7 月</td></tr>
<tr><td rowspan="4">交通运输部</td><td>交通运输信息化“十三五”发展规划</td><td>2016 年 5 月</td></tr>
<tr><td>综合运输服务“十三五”发展规划</td><td>2016 年 7 月</td></tr>
<tr><td>关于推进供给侧结构性改革促进物流业“降本增效”的若干意见</td><td>2016 年 8 月</td></tr>
<tr><td>关于推进改革试点加快无车承运物流创新发展的意见</td><td>2016 年 9 月</td></tr>
<tr><td rowspan="4">商务部</td><td>关于确定商贸物流标准化专项行动第二批重点推进企业(协会)的通知</td><td>2016 年 2 月</td></tr>
<tr><td>全国电子商务物流发展专项规划(2016—2020 年)</td><td>2016 年 3 月</td></tr>
<tr><td>关于确定智慧物流配送示范单位的通知</td><td>2016 年 7 月</td></tr>
<tr><td>商贸物流发展“十三五”规划</td><td>2017 年 2 月</td></tr>
<tr><td rowspan="3">邮政局</td><td>推进快递业绿色包装工作实施方案</td><td>2016 年 8 月</td></tr>
<tr><td>邮政业发展“十三五”规划</td><td>2016 年 12 月</td></tr>
<tr><td>快递业发展“十三五”规划</td><td>2017 年 2 月</td></tr>
</table>

1. 大力推进“互联网 + ”物流发展

国务院办公厅发布《关于深入实施“互联网 + 流通”行动计划的意见》,要求鼓励发展分享经济新模式，激发市场主体创业创新活力，鼓励包容企业利用互联网平台优化社会闲置资源配置，扩大社会灵活就业。

国家发改委在《"互联网＋"高效物流实施意见》中提出，依托互联网形成开放共享、合作共赢、高效便捷、绿色安全的智慧物流生态体系，使得先进信息技术在物流领域广泛应用，仓储、运输、配送等环节智能化水平显著提升，物流组织方式不断优化创新；基于互联网的物流新技术、新模式、新业态成为行业发展新动力。

2. 推动物流行业降本增效

国家发改委出台《物流业降本增效专项行动方案（2016—2018年）》，提出鼓励信息平台创新发展。发挥物流信息平台在优化整合物流资源、促进信息互联互通、提高物流组织化程度中的重要作用，扶持运输配载、跟踪追溯、库存监控等各类专业化、特色化的物流信息平台创新发展，提供追踪溯源、数据分析、担保结算、融资保险、信用评价等增值服务。推动物流信息平台与供应链上下游企业系统对接，增强协同运作能力。同时，加强大数据、云计算等技术应用，探索"商贸＋互联网＋物流"融合发展新模式，增强物流协同服务能力，提升物流服务质量和效率，降低实体商贸企业的物流成本。

3. 加强物流信息化和数据化建设

国务院办公厅发布《关于深入实施"互联网＋流通"行动计划的意见》，要求加大流通基础设施信息化改造力度，充分利用物联网等新技术，推动智慧物流配送体系建设。随后，商务部开展了智慧物流配送体系建设示范工作。国家发改委发布了《营造良好市场环境推动交通物流融合发展实施方案》，推行物流全程"一单制"，推进单证票据标准化，以整箱、整车等标准化货物单元为重点，制定推行企业互认的单证标准，形成包含货单基本信息的唯一电子身份，实现电子标签码在物流全链条、全环节互通互认以及赋码信息实时更新和共享。

4. 推进物流绿色化

2016年8月，国家邮政局在《推进快递业绿色包装工作实施方案》中，明确了快递业包装要实现"低污染、低消耗、低排放，高效能、高效率、高效益"的绿色发展总体目标，快递业电子运单使用率年均提高5%，到2020年，符合标准要求的环保箱、环保袋和环保胶带使用率大幅上升，基本淘汰有毒有害物质超标的包装物料，基本建成社会化的快件包装物回收体系。

5. 加强“十三五”时期顶层设计

商务部在《商贸物流发展“十三五”规划》中，提出深入实施“互联网+”高效物流行动，推广应用物联网、云计算、大数据、人工智能、机器人、无线射频识别等先进技术，促进从上游供应商到下游销售商的全流程信息共享，提高供应链精益化管理水平。顺应流通全渠道变革和平台经济发展趋势，探索发展与生产制造、商贸流通、信贷金融等产业协调联动的智慧物流生态体系。

交通运输部在《综合运输服务“十三五”发展规划》中，提出适应智能制造的需要，推进智慧物流服务，统筹规划制造业集聚区配套物流服务体系，引导物流企业完善智能货运与物流系统，促进物流业与制造业相关标准对接、资源交互、信息共享。

国家邮政局在《快递业“十三五”发展规划》中，提出加强移动互联网、物联网、大数据、云计算、虚拟现实、人工智能等现代信息技术在企业管理、市场服务和行业监管中的应用。加大数据信息集成应用，推动实现业务平台一体化，作业环节、路由管控智能化，提升运输、服务和安全保障能力，实现快件自动分拨和快速转运。加快大数据及云平台等基础设施建设，推动信息应用向“邮政云”“快递云”平台迁移。推广数据分单、数据派单等技术应用，提高生产效能。鼓励快递企业采用先进适用技术和装备，推进机器人、无人机、无人车研发和应用。

三、智慧物流提质增效降本成效显著

随着经济增长企稳，2016 年我国社会物流需求稳中有升，全年社会物流总额达到 230 万亿元，同比增长 6% 左右；社会物流总费用约 11.1 万亿元，同比增长 3% 左右，增速与上年基本持平。与整个物流行业相比，以智慧物流理念为指导的电商物流表现优异，年度增速超过 50%，从业人数超过 200 万人，服务质量、物流时效和效率水平居于领先位置。电子商务网络零售与总额变化情况如图 3-4 所示。

1. 服务质量不断提升

以互联网、大数据为代表的智慧物流解决方案在行业内应用越来越广泛，对于行业服务能力的提升发挥了巨大作用。举例来说，“双十一”包裹订单从 2014 年的 2.78 亿件、2015 年的 4.67 亿件，直至 2016 年的 6.57 亿件，服务能力从原先的拥堵“爆仓”、用户体验差到现在的井然有序，智慧物流技术是关键。与 2015 年

“双十一”对比，2016 年“双十一”的包裹履约率提升了近 25 个百分点（图 3-5）；与 2013 年“双十一”对比，1 亿包裹的签收时间（图 3-6）减少了近 3 倍。

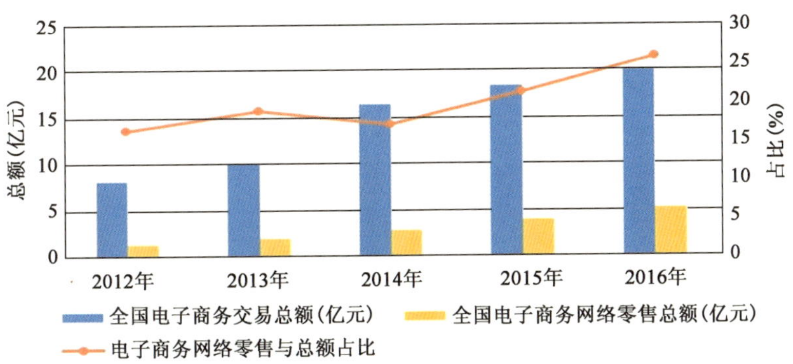

图 3-4　电子商务网络零售与总额变化情况

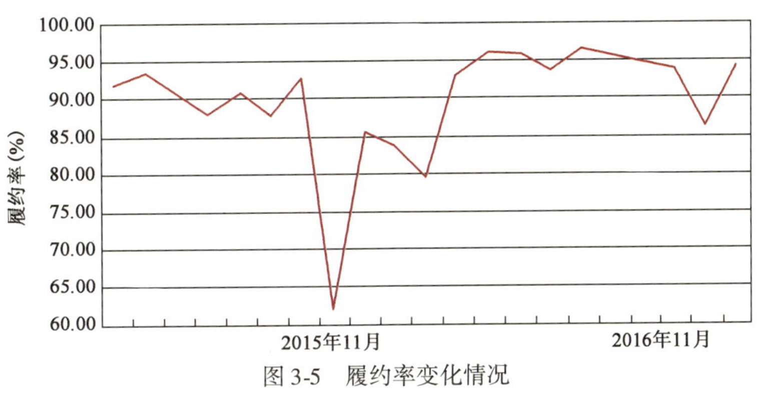

图 3-5　履约率变化情况

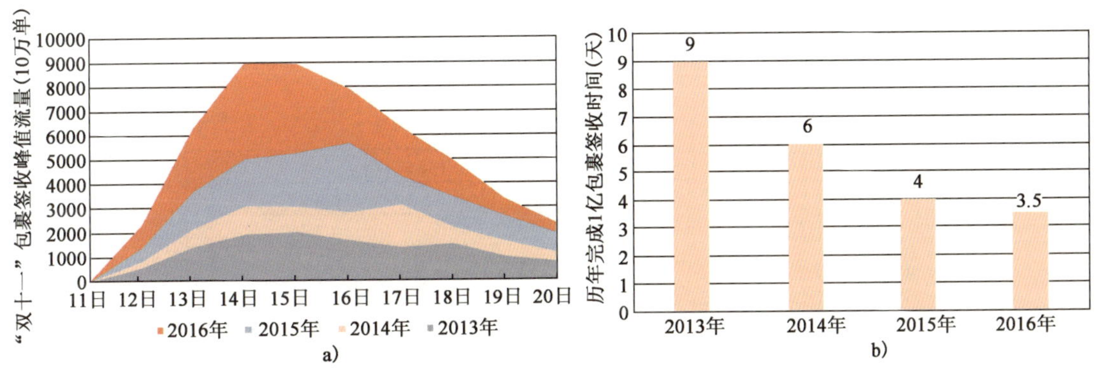

图 3-6　“双十一”期间 1 亿包裹签收时效

2. 物流时效进一步改善

我国幅员辽阔，地区间发展水平差异巨大。按照国家统计局的地区分类，我们分析了近几年东、中、西部地区的时效变化情况。（为了便于比较，设定东部地区 2014 年一季度为基期，基期指数值为 100，指数值越低代表时效越好。）东部时效指数变化情况如图 3-7 所示。中部时效指数变化情况如图 3-8 所示。西部时效指数变化情况如图 3-9 所示。

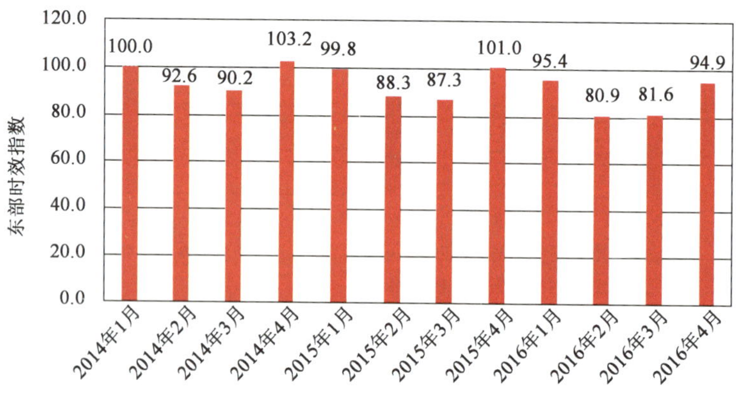

图 3-7 东部时效指数变化情况

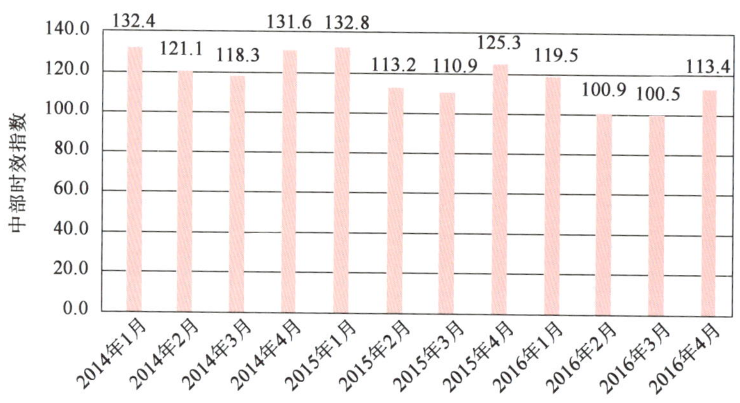

图 3-8 中部时效指数变化情况

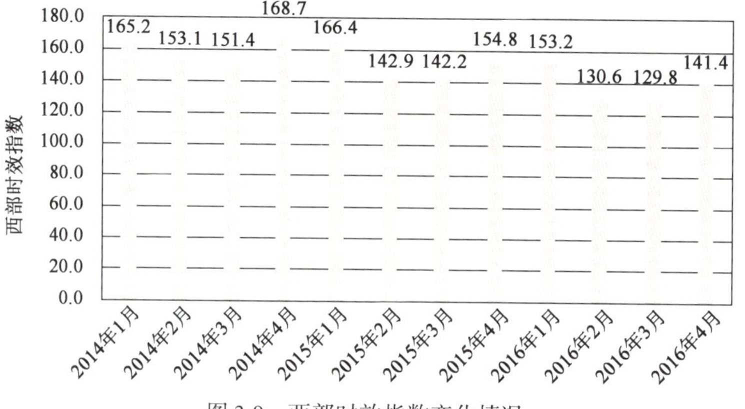

图 3-9 西部时效指数变化情况

从时间顺序看,时效指数总体延续持续下降的趋势,即时效逐年改善。2016年,东部、中部和西部地区时效指数同比减少了6%、10%和9%。这说明我国物流时效整体上较上年有了明显提高,且越是偏远地区,时效改善的效果越明显。

从地区比较看,时效指数从东、中、西部地区依次提高,即东部地区时效最优、中部次之、西部较为滞后。2016年,中部、西部地区的时效指数较东部地区高23.1%和57.1%,比率较往年进一步降低。这说明尽管中部、西部地区的时效水平较东部仍然存在较大差距,但差距在不断缩小。

从季节变化看,东部、中部、西部时效指数均是二、三季度较低,一、四季度偏高,存在较为明显的季节因素影响,即年初年末时效相对较差。2016年,东部、中部、西部二季度的时效指数较一季度分别下降15%、15.5%和14.8%(图3-10)。

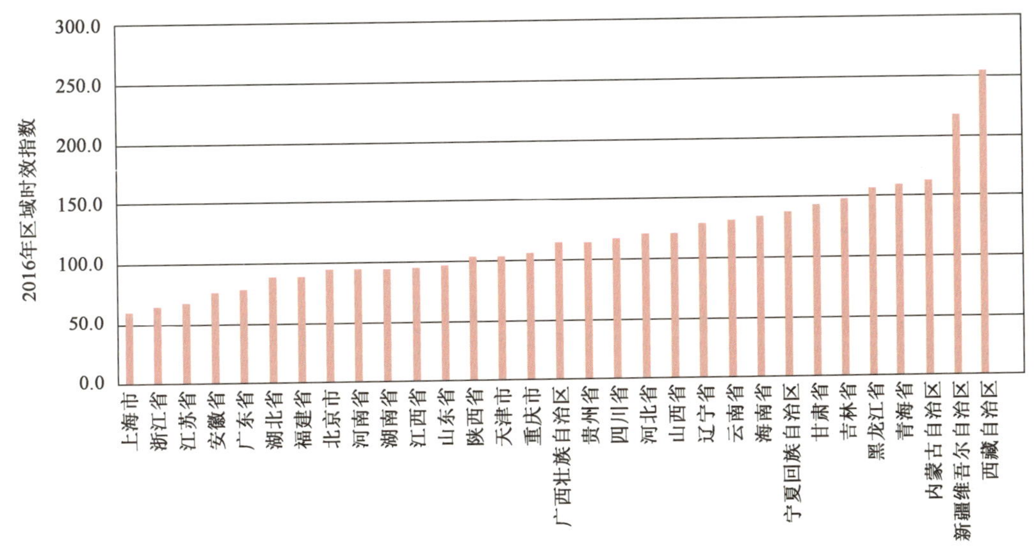

图3-10 2016年全国各省(自治区、直辖市)物流时效排名

此外,通过对全国各省的时效比较,长三角地区继续保持领先地位,上海市、浙江省和江苏省位列全国前三。这三省市也是我国物流业务大省,三地物流业务量合计占全国总量的13%。这说明物流时效与物流业务量大小正相关,业务量越是饱满,越有利于提升物流效率。

3. 物流成本有效降低

2016年,我国社会物流总费用与国内生产总值(GDP)的比率为14.9%,比上年下降1.1个百分点,表明2016年每万元GDP所消耗的社会物流总费用为1490元,比上年下降6.9%。从电商物流来看,成本降低的原因主要有两方面,运输组织方式的改变和供应链优化。例如,菜鸟网络加快建设智慧县域物流网络,整合社会化资源,农村配送成本预计至少每单降低 0.5 元;开展农村集货配送模式,配送成本较纯包裹配送降低 50% 以上。再如,菜鸟网络提供的智慧供应链服务能帮助商家提高库存周转率 1/3 以上,智能分仓解决方案能帮助商家把备货比从过去的 1:1.4 降到 1:1;线上线下一盘货打通后,线下门店几乎可以做到零库存销售,商品数量(SKU)整体减少了 30%。

技 术 篇

想要系统地认知新兴技术，必须要全面而细致的分解新兴技术。本篇从三个层面来对新兴技术展开论述：

第一层面是理论，理论是认知的必经途径，也是被广泛认同和传播的基线。理论部分主要介绍大数据、物联网和云计算的特征定义，以此理解行业对其的整体描绘和定性分析。

第二层面是技术，技术是价值体现的手段和前进的基石。技术部分主要介绍大数据、物联网和云计算方面的关键技术。

第三层面是实践，实践是技术的最终价值体现。实践部分描绘大数据、物联网和云计算已经展现的美好景象及即将实现的蓝图。

第四章　大数据技术

第一节　理　　论

一、特征定义

最早提出大数据时代到来的是全球最著名管理咨询公司麦肯锡:“数据,已经渗透到当今每一个行业和业务职能领域,成为重要的生产因素。人们对于海量数据的挖掘和运用,预示着新一波生产率增长和消费者盈余浪潮的到来。”

目前,业界对大数据还没有一个统一的定义,常见的大数据定义如下:

“大数据是指无法在一定时间内用传统数据库软件工具对其内容进行抓取、管理和处理的数据集合”——麦肯锡。

“大数据是指无法在一定时间内用常规软件工具对其内容进行抓取、管理和处理的数据集”——维基百科。

“大数据是需要新处理模式才能具有更强的决策力、洞察发现力和流程优化能力的海量、高增长率和多样化的信息资产”——Gartner。

业界(IBM 最早定义)将大数据的特征归纳为 4 个“V”(量 Volume,多样 Variety,价值 Value,速度 Velocity)。

(1)Volume:表示大数据的数据量巨大。数据集合的规模不断扩大,已从 GB 到 TB 再到 PB 级,甚至开始以 EB 和 ZB 来计数。

(2)Variety:表示大数据的类型复杂。以往我们产生或者处理的数据类型较为单一,大部分是结构化数据。而如今,社交网络、物联网、移动计算、在线广告等新的渠道和技术不断涌现,产生大量半结构化或者非结构化数据,如 XML、邮件、博客、即时消息等,导致了新数据类型的剧增。企业需要整合并分析来自复杂的传统和非传统信息源的数据,包括企业内部和外部的数据。随着传感器、智能设备和社会协同技术的爆炸性增长,数据的类型无以计数,包括:文本、微博、传感器数据、音频、视频、点击流、日志文件等。

(3)Value:大数据由于体量不断加大,单位数据的价值密度在不断降低,然而数据的整体价值在提高。有人甚至将大数据等同于黄金和石油,表示大数据当中蕴含了无限的商业价值。

(4)Velocity:数据产生、处理和分析的速度持续在加快,数据流量大。加速的原因是数据创建的实时性天性,以及需要将流数据结合到业务流程和决策过程中的要求。数据处理速度快,处理能力从批处理转向流处理。业界对大数据的处理能力有一个称谓——“1 秒定律”,也就充分说明了大数据的处理能力,体现出它与传统的数据挖掘技术有着本质的区别。

维克托·迈尔-舍恩伯格在《大数据时代》一书中举了百般例证,都是为了说明一个道理:在大数据时代已经到来的时候要用大数据思维去发掘大数据的潜在价值。书中,作者提及最多的是 Google 如何利用人们的搜索记录挖掘数据二次利用价值,比如预测某地流感爆发的趋势;Amazon 如何利用用户的购买和浏览历史数据进行有针对性的书籍购买推荐,以此有效提升销售量;Farecast 如何利用过去十年所有的航线机票价格打折数据,来预测用户购买机票的时机是否合适。

那么,什么是大数据思维?维克托·迈尔-舍恩伯格认为:①需要全部数据样本而不是抽样;②关注效率而不是精确度;③关注相关性而不是因果关系。

阿里巴巴的王坚对于大数据也有一些独特的见解,比如,

“今天的数据不是大,真正有意思的是数据变得在线了,这个恰恰是互联网的特点。”

“非互联网时期的产品,功能一定是它的价值,今天互联网的产品,数据一定是它的价值。”

“你千万不要想着拿数据去改进一个业务,这不是大数据。你一定是去做了一件以前做不了的事情。”

特别是最后一点,大数据的真正价值在于创造,在于填补无数个还未实现过的空白。

有人把数据比喻为蕴藏能量的煤矿。煤炭按照性质有焦煤、无烟煤、肥煤、贫煤等分类,而露天煤矿、深山煤矿的挖掘成本又不一样。与此类似,大数据并不在"大",而在于"有用"。价值含量、挖掘成本比数量更为重要。

二、价值探讨

大数据是什么?投资者眼里是金光闪闪的两个字:资产。比如,Facebook 上市时,评估机构评定的有效资产中大部分都是其社交网站上的数据。

如果把大数据比作一种产业,那么这种产业实现盈利的关键,在于提高对数据的"加工能力",通过"加工"实现数据的"增值"。

Target 超市以 20 多种怀孕期间孕妇可能会购买的商品为基础,将所有用户的购买记录作为数据来源,通过构建模型分析购买者的行为相关性,能准确地推断出孕妇的具体临盆时间,这样 Target 的销售部门就可以有针对地在每个怀孕顾客的不同阶段寄送相应的产品优惠券。

Target 的例子是一个很典型的案例,这样印证了维克托·迈尔-舍恩伯格提过的一个很有指导意义的观点:通过找出一个关联物并监控它,就可以预测未来。Target 通过监测购买者购买商品的时间和品种来准确预测顾客的孕期,这就是对数据的二次利用的典型案例。如果,我们通过采集驾驶员手机的 GPS 数据,就可以分析出当前哪些道路正在堵车,并可以及时发布道路交通提醒;通过采集汽车的 GPS 位置数据,就可以分析城市的哪些区域停车较多,这也代表该区域有着较为活跃的人群,这些分析数据适合卖给广告投放商。

不管大数据的核心价值是不是预测,但是基于大数据形成决策的模式已经为不少的企业带来了盈利和声誉。

从大数据的价值链条来分析,存在三种模式:

(1)手握大数据,但是没有利用好;比较典型的是金融机构、电信行业、政府机构等。

(2)没有数据,但是知道如何帮助有数据的人利用它;比较典型的是 IT 咨询和服务企业,比如,埃森哲、IBM、Oracle 等。

(3)既有数据,又有大数据思维;比较典型的是 Google、Amazon、Mastercard、Wal-Mart、阿里巴巴、百度、腾讯、京东等。

未来在大数据领域最具有价值的是两种事物:①拥有大数据思维的人,这种人可以将大数据的潜在价值转化为实际利益;②还未被大数据触及过的业务领域。这些业务领域可以说是还未被挖掘的油井或金矿,即所谓的蓝海。

Wal-Mart 作为零售行业的巨头,他们的分析人员会对每个阶段的销售记录进行全面的分析,有一次他们无意中发现了一些虽不相关但最终却带来很有价值的数据,在美国的飓风来临季节,超市的蛋挞和抵御飓风物品竟然销量都有大幅增加,于是他们做了一个明智决策,就是将蛋挞的销售位置移到了飓风物品销售区域旁边,看起来是为了方便用户挑选,但是没有想到蛋挞的销量因此又提高了很多。

上述例子真实的反映在各行各业,探求数据价值取决于把握数据的人,关键是人的数据思维;与其说是大数据创造了价值,不如说是大数据思维触发了新的价值增长。

第二节 技　　术

本文把大数据技术归纳为五大类,如表 4-1 中所示。

大数据技术分类　　表 4-1

大数据技术分类	大数据技术与工具
基础架构支持	云计算平台
	云存储
	虚拟化技术
	网络技术
	资源监控技术
数据采集	数据总线
	ETL 工具
数据存储	分布式文件系统
	关系型数据库
	NoSQL 技术
	关系型数据库与非关系型数据库融合
	内存数据库
数据计算	数据查询、统计与分析
	数据预测与挖掘
	图谱处理
	BI 商业智能

续上表

大数据技术分类	大数据技术与工具
展现与交互	图形与报表
	可视化工具
	增强现实技术

一、基础架构支持

主要包括为支撑大数据处理的基础架构级数据中心管理、云计算平台、云存储设备及技术、网络技术、资源监控等技术。大数据处理需要拥有大规模物理资源的云数据中心和具备高效的调度管理功能的云计算平台的支撑。

二、数据采集技术

数据采集技术是数据处理的必备条件，首先需要有数据采集的手段，把信息收集上来，才能应用上层的数据处理技术。数据采集除了各类传感设备等硬件软件设施之外，主要涉及的是数据的 ETL（采集、转换、加载）过程，能对数据进行清洗、过滤、校验、转换等各种预处理，将有效的数据转换成适合的格式和类型。同时，为了支持多源异构的数据采集和存储访问，还需设计企业的数据总线，方便企业各个应用和服务之间数据的交换和共享。

数据采集过程中的 ETL 工具负责将分布的、异构数据源中的不同种类和结构的数据如文本数据、关系数据以及图片、视频等非结构化数据等抽取到临时中间层后进行清洗、转换、分类、集成，最后加载到对应的数据存储系统如数据仓库或数据集市中，成为联机分析处理、数据挖掘的基础。针对大数据的 ETL 工具同时又有别于传统的 ETL 处理过程，因为一方面大数据的体量巨大，另一方面数据的产生速度也非常快，比如一个城市的视频监控头、智能电表每一秒钟都在产生大量的数据，对数据的预处理需要实时快速，因此在 ETL 的架构和工具选择上，也会采用如分布式内存数据库、实时流处理系统等现代信息技术。

三、数据存储技术

数据经过采集和转换之后，需要存储归档。针对海量的大数据，一般可以采用分布式文件系统和分布式数据库的存储方式，把数据分布到多个存储节点上，同时还需提供备份、安全、访问接口及协议等机制。

在大规模分布式数据库方面,HBase 及 Cassandra 等主流 NoSQL 数据库主要是提供高可扩展性支持,在一致性和可用性方面会做相应的牺牲,在对传统的 RDBMS 的 ACID 语义、事务支持等方面存在不足。Google 的 Megastore 则是努力把 NoSQL 与传统的关系型数据库融合,并为一致性和高可用性提供了强有力的保证。Megastore 使用同步复制来达到高可用性和数据的一致性视图。简而言之,MegaStore 对“不同地域的低延迟性的数据副本”提供了完全的串行化 ACID 语义来支持交互的在线服务。Megastore 兼具了 NoSQL 和 RDBMS 两者的优点,在保障一致性的原则下,又能满足高可扩展性、高容错性和低延迟,为 Google 的上百个生产应用提供服务。

四、数据计算

我们把与数据查询、统计、分析、预测、挖掘、图谱处理、BI 商业智能等各项相关的技术统称为数据计算技术。数据计算技术涵盖数据处理的方方面面,也是大数据技术的核心。整体上我们把大数据计算分为离线批处理计算、实时交互计算和流计算三种。

1. 离线批处理计算

随着云计算技术的发展,基于开源的 Hadoop 分布式存储系统和 MapReduce 数据处理模式的分析系统也得到了广泛的应用。Hadoop 通过数据分块及自恢复机制,能支持 PB 级的分布式的数据存储,以及基于 MapReduce 分布式处理模式对这些数据进行分析和处理。MapReduce 编程模型可以很容易地将多个通用批数据处理任务和操作在大规模集群上并行化,而且有自动化的故障转移功能。MapReduce 编程模型在 Hadoop 这样的开源软件带动下被广泛采用,应用到 Web 搜索、欺诈检测等各种各样的实际应用中。

2. 实时交互计算

海量数据的实时计算过程可以被划分为以下三个阶段:数据实时采集、数据实时计算和实时查询服务。

数据实时采集在功能上需要保证可以完整地收集到所有数据,为实时应用提供实时数据;响应时间上要保证实时性、低延迟;配置简单,部署容易;系统稳定可靠等。目前,互联网企业的海量数据采集工具,有 Facebook 开源的 Scribe、LinkedIn 开源的 Kafka、Cloudera 开源的 Flume、淘宝开源的 TimeTunnel、Hadoop 的 Chukwa 等，均可以满足每秒数百 MB 的日志数据采集和传输需求。

数据实时计算：传统的数据操作，首先将数据采集并存储在数据库管理系统（DBMS）中，然后通过 query 和 DBMS 进行交互，得到用户想要的答案。整个过程中，用户是主动的，而 DBMS 系统是被动的。但是，对于现在大量存在的实时数据，这类数据实时性强，数据量大，数据格式多种多样，传统的关系型数据库架构并不合适。新型的实时计算架构一般都是采用海量并行处理 MPP 的分布式架构，数据的存储及处理会分配到大规模的节点上进行，以满足实时性要求，在数据的存储上，则采用大规模分布式文件系统，比如 Hadoop 的 HDFS 文件系统，或是新型的 NoSQL 分布式数据库。

实时查询服务的实现可以分为三种方式：①全内存：直接提供数据读取服务，定期 dump 到磁盘或数据库进行持久化；②半内存：使用 Redis、Memcache、MongoDB、BerkeleyDB 等数据库提供数据实时查询服务，由这些系统进行持久化操作；③全磁盘：使用 HBase 等以分布式文件系统（HDFS）为基础的 NoSQL 数据库，对于 key-value 引擎，关键是设计好 key 的分布。

3. 流计算

流计算是针对实时连续的数据类型而准备的。在流数据不断变化的运动过程中实时地进行分析，捕捉到可能对用户有用的信息，并把结果发送出去。整个过程中，数据分析处理系统是主动的，而用户却是处于被动接收的状态。

传统的流式计算系统，一般是基于事件机制，所处理的数据量也不大。新型的流处理技术，如 Yahoo 的 S4 主要解决的是高数据率和大数据量的流式处理。Storm 是 Twitter 开源的一个类似于 Hadoop 的实时数据处理框架，这种高可拓展性，能处理高频数据和大规模数据的实时流计算解决方案将应用于实时搜索，高频交易和社交网络上。

五、数据展现与交互

数据展现与交互在大数据技术中也至关重要，因为数据最终需要为人们所使用，为生产、运营、规划提供决策支持。选择恰当的、生动直观的展示方式能够帮助我们更好地理解数据及其内涵和关联关系，也能够更有效地解释和运用数据，发挥其价值。在展现方式上，除了传统的报表、图形之外，我们还可以结合现代化的可视化工具及人机交互手段,甚至是基于最新的如 Google 眼镜等增强现实手段,来实现数据与现实的无缝接口。

现代的体感技术,如微软的 Kinect 以及 Leap 公司的 LeapMotion 体感控制器,能够检测和感知到人体的动作及手势,进而将动作转化为对计算机及系统的控制,使人们摆脱了键盘、鼠标、遥控器等传统交互设备的束缚,直接用身体和手势来与计算机和数据交互。当今热门的可穿戴式技术,如 Google 眼镜,则有机地结合了大数据技术、增强现实以及体感技术。随着数据的完善和技术的成熟,我们可以实时地感知我们周围的现实环境,并且通过大数据搜索、计算,实现对周遭的建筑、商家、人群、物体的实时识别和数据获取,并叠加投射在我们的视网膜上,这样可以实时地帮助我们工作、购物、休闲等,提供极大的便利。当然这种新型设备和技术的弊端也是显而易见,我们处在一个随时被监控、隐私被刺探、侵犯的状态,所以大数据技术所带来的安全性问题也不容忽视。

第三节　实　　践

一、互联网的大数据

互联网上的数据每年增长 50%,每两年便将翻一番,而目前世界上 90% 以上的数据是最近几年才产生的。据 IDC 预测,到 2020 年全球将总共拥有 35ZB 的数据量。互联网是大数据发展的前哨阵地,随着 Web2.0 时代的发展,人们似乎都习惯了将自己的生活通过网络进行数据化,方便分享以及记录并回忆。

互联网上的大数据很难清晰的界定分类界限,我们首先了解一下 BAT(中国互联网公司三巨头,B 为百度,A 为阿里巴巴,T 为腾讯)的大数据:

百度拥有两种类型的大数据:用户搜索表征的需求数据;爬虫和阿拉丁获取的公共 Web 数据。搜索巨头百度围绕数据而生。它对网页数据的爬取、网页内容的组织和解析,通过语义分析对搜索需求的精准理解进而从海量数据中找准结果,以及精准的搜索引擎关键字广告,实质上就是一个数据的获取、组织、分析和挖掘的过程。搜索引擎在大数据时代面临的挑战有:更多的暗网数据;更多的 Web 化但是没有结构化的数据;更多的 Web 化、结构化但是封闭的数据。

阿里巴巴拥有交易数据和信用数据。这两种数据更容易变现,挖掘出商业价值。除此之外阿里巴巴还通过投资等方式掌握了部分社交数据、移动数据,如微博和高德。

腾讯拥有用户关系数据和基于此产生的社交数据。这些数据可以分析人们的生活和行为,从里面挖掘出政治、社会、文化、商业、健康等领域的信息,甚至预测未来。

在信息技术更为发达的美国,除了行业知名的类似 Google,Facebook 外,已经涌现了很多大数据类型的公司,它们专门经营数据产品,比如:

Metamarkets:这家公司对 Twitter、支付、签到和一些与互联网相关的问题进行了分析,为客户提供了很好的数据分析支持。

Tableau:他们的精力主要集中于将海量数据以可视化的方式展现出来。Tableau 为数字媒体提供了一个新的展示数据的方式。他们提供了一个免费工具,任何人在没有编程知识背景的情况下都能制造出数据专用图表。这个软件还能对数据进行分析,并提供有价值的建议。

ParAccel:他们向美国执法机构提供了数据分析,比如对 15000 个有犯罪前科的人进行跟踪,从而向执法机构提供了参考性较高的犯罪预测。他们是犯罪的预言者。

Qlikview:QlikTech 旗下的 Qlikview 是一个商业智能领域的自主服务工具,能够应用于科学研究和艺术等领域。为了帮助开发者对这些数据进行分析,QlikTech 提供了对原始数据进行可视化处理等功能的工具。

GoodData:GoodData 希望帮助客户从数据中挖掘财富。这家创业公司主要面向商业用户和 IT 企业高管,提供数据存储、性能报告、数据分析等工具。

TellApart:TellApart 和电商公司进行合作,他们会根据用户的浏览行为等数据进行分析,通过锁定潜在买家方式提高电商企业的收入。

DataSift:DataSift 主要收集并分析社交网络媒体上的数据,并帮助品牌公司掌握突发新闻的舆论点,并制定有针对性的营销方案。这家公司还和 Twitter 有合作协议,使得自己变成了行业中为数不多可以分析早期 tweet 的创业公司。

经过简要归纳,在互联网大数据的典型代表包括:

(1)用户行为数据(精准广告投放、内容推荐、行为习惯和喜好分析、产品优化等);

(2)用户消费数据(精准营销、信用记录分析、活动促销、理财等);

(3)用户地理位置数据(O2O 推广,商家推荐,交友推荐等);

(4)互联网金融数据(P2P,小额贷款,支付,信用,供应链金融等);

(5)用户社交等UGC数据(趋势分析、流行元素分析、受欢迎程度分析、舆论监控分析、社会问题分析等)。

二、政府的大数据

此前,奥巴马政府宣布投资2亿美元拉动大数据相关产业发展,将“大数据战略”上升为国家意志。奥巴马政府将数据定义为“未来的新石油”,并表示一个国家拥有数据的规模、活性及解释运用的能力将成为综合国力的重要组成部分,未来,对数据的占有和控制甚至将成为陆权、海权、空权之外的另一种国家核心资产。

在国内,政府各个部门都握有构成社会基础的原始数据,比如,气象数据、金融数据、信用数据、电力数据、煤气数据、自来水数据、道路交通数据、客运数据、安全刑事案件数据、住房数据、海关数据、出入境数据、旅游数据、医疗数据、教育数据、环保数据等。这些数据在每个政府部门里面看起来是单一的,静态的。但是,如果政府可以将这些数据关联起来,并对这些数据进行有效的关联分析和统一管理,这些数据必定将获得新生,其价值是无法估量的。

具体来说,现在城市都在走向智能和智慧,比如,智能电网、智慧交通、智慧医疗、智慧环保、智慧城市,这些都依托于大数据,可以说大数据是智慧的核心能源。大数据为智慧城市的各个领域提供决策支持。在城市规划方面,通过对城市地理、气象等自然信息和经济、社会、文化、人口等人文社会信息的挖掘,可以为城市规划提供决策,强化城市管理服务的科学性和前瞻性。在交通管理方面,通过对道路交通信息的实时挖掘,能有效缓解交通拥堵,并快速响应突发状况,为城市交通的良性运转提供科学的决策依据。在舆情监控方面,通过网络关键词搜索及语义智能分析,能提高舆情分析的及时性、全面性,全面掌握社情民意,提高公共服务能力,应对网络突发的公共事件,打击违法犯罪。在安防与防灾领域,通过大数据的挖掘,可以及时发现人为或自然灾害、恐怖事件,提高应急处理能力和安全防范能力。另外,作为国家的管理者,政府应该有勇气将手中的数据逐步开放,供给更多有能力的机构组织或个人来分析并加以利用,以加速造福人类。比如,美国政府就筹建了一个data. gov网站,这是奥巴马任期内的一个重要举措:要求政府公开透明,而核心就是实现政府机构的数据公开。

三、企业的大数据

企业的CXO们最关注的还是报表曲线的背后能有怎样的信息,他该做怎样的决策,其实这一切都需要通过数据来传递和支撑。在理想的世界中,大数据是巨大的杠杆,可以改变公司的影响力,带来竞争差异、节省金钱、增加利润、愉悦买家、奖赏忠诚用户、将潜在客户转化为客户、增加吸引力、打败竞争对手、开拓用户群并创造市场。那么,哪些传统企业最需要大数据服务呢?

对大量消费者提供产品或服务的企业(精准营销);做小而美模式的中长尾企业(服务转型);面临互联网压力之下必须转型的传统企业(生死存亡)。

对于企业的大数据,还有一种预测:随着数据逐渐成为企业的一种资产,数据产业会向传统企业的供应链模式发展,最终形成"数据供应链"。这里尤其有两个明显的现象:一是外部数据的重要性日益超过内部数据。在互联互通的互联网时代,单一企业的内部数据与整个互联网数据比较起来只是沧海一粟;二是能提供包括数据供应、数据整合与加工、数据应用等多环节服务的公司会有明显的综合竞争优势。

对于提供大数据服务的企业来说,他们等待的是合作机会,就像微软史密斯说的:"给我提供一些数据,我就能做一些改变。如果给我提供所有数据,我就能拯救世界。"

然而,一直做企业服务的巨头将优势不在,不得不眼看新兴互联网企业加入战局,开启残酷竞争模式。为何会出现这种局面?从IT产业的发展来看,第一代IT巨头大多是To B的,比如IBM、Microsoft、Oracle、SAP、HP这类传统IT企业;第二代IT巨头大多是To C的,比如Yahoo、Google、Amazon、Facebook、阿里巴巴、腾讯、百度这类互联网企业。大数据到来前,这两类公司彼此之间基本是井水不犯河水;但在当前这个大数据时代,这两类公司已经开始直接竞争。比如Amazon已经开始提供云模式的数据仓库服务,直接抢占IBM、Oracle的市场。这个现象出现的本质原因是:在互联网巨头的带动下,传统IT巨头的客户普遍开始从事电子商务业务,正是由于客户进入了互联网,所以传统IT巨头们不情愿地被拖入了互联网领域。如果他们不进入互联网,他们业务必将萎缩。在进入互联网后,他们又必须将云技术、大数据等互联网最具有优势的技术通过封装打造成自己的产品再提供给企业。

四、个人的大数据

个人的大数据这个概念很少有人提及，简单来说，就是与个人相关联的各种有价值数据信息被有效采集后，可由本人授权提供第三方进行处理和使用，并获得第三方提供的数据服务。

举个例子来说明会更清晰一些：

未来，每个用户可以在互联网上注册个人的数据中心，以存储个人的大数据信息。用户可确定哪些个人数据可被采集，并通过可穿戴设备或植入芯片等感知技术来采集捕获个人的大数据，比如，牙齿监控数据、心率数据、体温数据、视力数据、记忆能力、地理位置信息、社会关系数据、运动数据、饮食数据、购物数据等。用户可以将其中的牙齿监测数据授权给××牙科诊所使用，由他们监控和使用这些数据，进而为用户制订有效的牙齿防治和维护计划；也可以将个人的运动数据授权提供给某运动健身机构，由他们监测自己的身体运动机能，并有针对地制定和调整个人的运动计划；还可以将个人的消费数据授权给金融理财机构，由他们制定合理的理财计划并对收益进行预测。当然，其中有一部分个人数据是无须获得个人授权即可提供给国家相关部门进行实时监控的，比如罪案预防监控中心可以实时地监控本地区每个人的情绪和心理状态，以预防自杀和犯罪的发生。

以个人为中心的大数据以下特性：

(1)数据仅留存在个人中心，其他第三方机构只被授权使用(数据有一定的使用期限)，且必须接受用后即焚的监管。

(2)采集个人数据应该明确分类，除了国家立法明确要求接受监控的数据外，其他类型数据都由用户自己决定是否被采集。

(3)数据的使用将只能由用户进行授权，数据中心可帮助监控个人数据的整个生命周期。

展望过于美好，也许实现个人数据中心将遥遥无期，也许这还不是解决个人数据隐私的最好方法，也许业界对大数据的无限渴求会阻止数据个人中心的实现，但是随着数据越来越多，在缺乏监管之后，必然会有一场激烈的博弈：到底是数据重要还是隐私重要；是以商业为中心还是以个人为中心。

第五章　物联网技术

第一节　理　　论

一、特征定义

物联网技术是通过射频识别（RFID）、红外感应器、全球定位系统、激光扫描器等信息传感设备，按约定的协议，将任何物品与互联网相连接，进行信息交换和通信，以实现智能化识别、定位、追踪、监控和管理的一种网络技术。

“物联网技术”的核心和基础仍然是“互联网技术”，是在互联网技术基础上的延伸和扩展的一种网络技术，其用户端延伸和扩展到了任何物品和物品之间，进行信息交换和通信。

和传统的互联网相比，物联网有其鲜明的特征。

首先，它是各种感知技术的广泛应用。物联网上部署了海量的多种类型的传感器，每个传感器都是一个信息源，不同类别的传感器所捕获的信息内容和信息格式不同。传感器获得的数据具有实时性，按一定的频率周期性的采集环境信息，不断更新数据。

其次，它是一种建立在互联网上的泛在网络。物联网技术的重要基础和核心仍旧是互联网，通过各种有线和无线网络与互联网融合，将物体的信息实时准确地传递出去。在物联网上的传感器定时采集的信息需要通过网络传输，由于其数量极其庞大，形成了海量信息，在传输过程中，为了保障数据的正确性和及时性，必须适应各种异构网络和协议。

还有，物联网不仅仅提供了传感器的连接，其本身也具有智能处理的能力，能够对物体实施智能控制。物联网将传感器和智能处理相结合，利用云计算、模式识别等各种智能技术，扩充其应用领域。从传感器获得的海量信息中分析、加工和处理出有意义的数据，以适应不同用户的不同需求，发现新的应用领域和应用模式。

二、体系架构

物联网典型体系架构分为3层，自下而上分别是感知层、网络层和应用层。

感知层实现物联网全面感知的核心能力，是物联网中关键技术、标准化、产业化方面亟须突破的部分，关键在于具备更精确、更全面的感知能力，并解决低功耗、小型化和低成本问题。

网络层主要以广泛覆盖的移动通信网络作为基础设施，是物联网中标准化程度最高，产业化能力最强、最成熟的部分，关键在于为物联网应用特征进行优化改造，形成系统感知的网络。

应用层提供丰富的应用，将物联网技术与行业信息化需求相结合，实现广泛智能化的应用解决方案，关键在于行业融合、信息资源的开发利用、低成本高质量的解决方案、信息安全的保障及有效商业模式的开发。

三、物联网分类

(1)私有物联网：一般面向单一机构内部提供服务；

(2)公有物联网：基于互联网向公众或大型用户群体提供服务；

(3)社区物联网：向一个关联的“社区”或机构群体(如一个城市政府下属的各委办局：如公安局、交通局、环保局、城管局等)提供服务；

(4)混合物联网：是上述的两种或以上的物联网的组合，但后台有统一运维实体。

第二节 技　　术

简单地讲，物联网是物与物、人与物之间的信息传递与控制。在物联网应用中有三项关键技术。

一、传感器技术

传感器技术也是计算机应用中的关键技术。大家都知道，到目前为止绝大部分计算机处理的都是数字信号。自从有计算机以来就需要传感器把模拟信号转换成数字信号计算机才能处理。

二、RFID 标签

RFID 标签也是一种传感器技术，RFID 技术是融合了无线射频技术和嵌入式技术为一体的综合技术，RFID 在自动识别、物品物流管理方面有着广阔的应用前景。

三、嵌入式系统技术

嵌入式系统技术是综合了计算机软硬件、传感器技术、集成电路技术、电子应用技术为一体的复杂技术。经过几十年的演变，以嵌入式系统为特征的智能终端产品随处可见，小到人们身边的 MP3，大到航天航空的卫星系统。嵌入式系统正在改变着人们的生活，推动着工业生产以及国防工业的发展。如果把物联网用人体做一个简单比喻，传感器相当于人的眼睛、鼻子、皮肤等感官，网络就是神经系统用来传递信息，嵌入式系统则是人的大脑，在接收到信息后要进行分类处理。这个例子很形象地描述了传感器、嵌入式系统在物联网中的位置与作用。

第三节　实　　践

一、医学

1999 年，物联网概念由麻省理工学院提出，早期是指依托射频识别（RFID）技术和设备，按约定的通信协议与互联网的结合，使物品信息实现智能化管理。而医学物联网，就是将物联网技术应用于医疗、健康管理、老年健康照护等领域。

医学物联网中的“物”，就是各种与医学服务活动相关的事物，如健康人、亚健康人、病人、医生、护士、医疗器械、检查设备、药品等等。医学物联网中的“联”，即信息交互连接，把上述“事物”产生的相关信息交互、传输和共享。医学物联网中的“网”是通过把“物”有机地连成一张“网”，就可感知医学服务对象、各种数据的交换和无缝连接,达到对医疗卫生保健服务的实时动态监控、连续跟踪管理和精准的医疗健康决策。

那么什么是“感”、“知”、“行”呢?“感”就是数据采集和信息获得,比如,连续监测高血压患者的人体特征参数、周边环境信息、感知设备和人员情况等。“知”特指数据分析,如,高血压患者连续的血压值测到之后,计算机会自动分析出他的血压状况是否正常,如果不正常,就会生成警报信号,通知医生知晓情况,调整用药,加以处理,这就是“行”。

二、安防

无锡传感网中心的传感器产品在上海浦东国际机场和上海世博会被成功应用——首批 1500 万元的传感安全防护设备销售成功,设备由 10 万个微小传感器组成,散布在墙头墙角及路面传感器能根据声音、图像、震动频率等信息分析判断,爬上墙的究竟是人还是猫狗等动物。多种传感手段组成一个协同系统后,可以防止人员的翻越、偷渡、恐怖袭击等攻击性入侵。由于效率高于美国和以色列的“防入侵产品”,国家民航总局正式发文要求,全国民用机场都要采用国产传感网防入侵系统。

浦东机场直接采购传感网产品金额为 4000 多万元,加上配件共 5000 万元。若全国近 200 家民用机场都加装防入侵系统,将产生上百亿的市场规模。

三、污水处理行业

基于物联网、云计算的城市污水处理综合运营管理平台为污水运营企业安全管理、生产运行、水质化验、设备管理、日常办公等关键业务提供统一业务信息管理平台,对企业实时生产数据、视频监控数据、工艺设计、日常管理等相关数据进行集中管理、统计分析、数据挖掘,为不同层面的生产运行管理者提供即时、丰富的生产运行信息,为辅助分析决策奠定良好的基础,为企业规范管理、节能降耗、减员增效和精细化管理提供强大的技术支持,从而形成完善的城市污水处理信息化综合管理解决方案。

武汉市污水处理综合运营管理平台,依托云计算技术构建、利用互联网将各种广域异构计算资源整合,以形成一个抽象的、虚拟的和可动态扩展的计算资源池,再通过互联网向用户按需提供计算能力、存储能力、软件平台和应用软件等服务。系统可以对污水处理企业的进、产、排三个主要环节进行监控，将下属提升泵站和污水处理厂的水量、水位、水质、电耗、药耗、设备状态等信息通过云计算平台进行收集、整合、分析和处理，建立各个环节的相互规约模型，分析生产环节水、电、药的消耗与处理水排水、生产、排放之间的隐含关系，找出污水处理厂的优化生产过程管理方案，实现对污水处理企业生产过程的实时控制与精细化管理，达到规范管理、节能降耗、减员增效的目的。

四、其他

物联网把新一代 IT 技术充分运用在各行各业之中，具体地说，就是把感应器嵌入和装备到电网、铁路、桥梁、隧道、公路、建筑、供水系统、大坝、油气管道等各种物体中，然后将“物联网”与现有的互联网整合起来，实现人类社会与物理系统的整合，在这个整合的网络当中，存在能力超级强大的中心计算机群，能够对整合网络内的人员、机器、设备和基础设施实施实时的管理和控制，在此基础上，人类可以以更加精细和动态的方式管理生产和生活，达到“智慧”状态，提高资源利用率和生产力水平，改善人与自然间的关系。

毫无疑问，如果“物联网”时代来临，人们的日常生活将发生翻天覆地的变化。然而，不谈隐私权和辐射问题，单把所有物品都植入识别芯片这一点现在看来还不太现实。人们正走向“物联网”时代，但这个过程可能需要很长的时间。

第六章　云计算技术

第一节　理　　论

一、定义

对云计算的定义，现阶段广为接受的是美国国家标准与技术研究院（NIST）定义：云计算是一种按使用量付费的模式，这种模式提供可用的、便捷的、按需的网络访问，进入可配置的计算资源共享池（资源包括网络、服务器、存储、应用软件、服务），这些资源能够被快速提供，只需投入很少的管理工作，或与服务供应商进行很少的交互。

作为新兴的计算模式，云计算在学术界和业界获得巨大的发展动力。政府、研究机构和行业领跑者正在积极地尝试应用云计算来解决网络时代日益增长的计算和存储问题。除了亚马逊的 AWS、Google 的 App Engine、Microsoft 的 Windows Azure Services、阿里巴巴的阿里云、腾讯的腾讯云、百度的百度云等商业云平台之外，还有一些如 OpenNebula、Eucalyptus、Nimbus、和 OpenStack 等开源的云计算平台，每个平台都有其显著的特点和不断发展的社区。

二、特点

被普遍接受的云计算特点如下：

1. 超大规模

“云”具有相当的规模，Google 云计算已经拥有 100 多万台服务器，Amazon、

IBM、微软、Yahoo 等的“云”均拥有几十万台服务器。企业私有云一般拥有数百上千台服务器。“云”能赋予用户前所未有的计算能力。

2. 虚拟化

云计算支持用户在任意位置、使用各种终端获取应用服务。所请求的资源来自“云”,而不是固定的有形的实体。应用在“云”中某处运行,但实际上用户无须了解、也不用担心应用运行的具体位置。只需要一台笔记本或者一个手机,就可以通过网络服务来实现我们需要的一切,甚至包括超级计算这样的任务。

3. 高可靠性

“云”使用了数据多副本容错、计算节点同构可互换等措施来保障服务的高可靠性,使用云计算比使用本地计算机可靠。

4. 通用性

云计算不针对特定的应用,在“云”的支撑下可以构造出千变万化的应用,同一个“云”可以同时支撑不同的应用运行。

5. 高可扩展性

“云”的规模可以动态伸缩,满足应用和用户规模增长的需要。

6. 按需服务

“云”是一个庞大的资源池,你可以按需购买,就像自来水和电一样。

7. 极其廉价

由于“云”的特殊容错措施可以采用极其廉价的节点来构成云,“云”的自动化集中式管理使大量企业无须负担日益高昂的数据中心管理成本,“云”的通用性使资源的利用率较之传统系统大幅提升,因此用户可以充分享受“云”的低成本优势,经常只要花费几百美元、几天时间就能完成以前需要数万美元、数月时间才能完成的任务。云计算可以彻底改变人们未来的生活,但同时也要重视环境问题,这样才能真正为人类进步做贡献,而不是简单的技术提升。

8. 潜在的危险性

云计算服务除了提供计算服务外,还必然提供了存储服务。但是云计算服务当前垄断在私人机构(企业)手中,而他们仅仅能够提供商业信用。对于政府机构、商业机构(特别像银行这样持有敏感数据的商业机构)对于选择云计算服务应保持足够的警惕。一旦商业用户大规模使用私人机构提供的云计算服务,无论其技术优势有多强,都不可避免地让这些私人机构以"数据(信息)"的重要性挟制整个社会。对于信息社会而言,"信息"是至关重要的。另一方面,云计算中的数据对于数据所有者以外的其他云计算用户是保密的,但是对于提供云计算的商业机构而言确实毫无秘密可言。所有这些潜在的危险,是商业机构和政府机构选择云计算服务、特别是国外机构提供的云计算服务时,不得不考虑的一个重要的前提。

第二节　技　　术

一、虚拟化技术

云计算的虚拟化技术不同于传统的单一虚拟化,它是涵盖整个 IT 架构的,包括资源、网络、应用和桌面在内的全系统虚拟化,它的优势在于能够把所有硬件设备、软件应用和数据隔离开来,打破硬件配置、软件部署和数据分布的界限,实现 IT 架构的动态化及资源集中管理,使应用能够动态地使用虚拟资源和物理资源,提高系统适应需求和环境的能力。

对于信息系统仿真,云计算虚拟化技术的应用意义并不仅仅在于提高资源利用率并降低成本,更大的意义是提供强大的计算能力。众所周知,信息系统仿真系统是一种具有超大计算量的复杂系统,计算能力对于系统运行效率、精度和可靠性影响很大,而虚拟化技术可以将大量分散的、没有得到充分利用的计算能力,整合到计算高负荷的计算机或服务器上,实现全网资源统一调度使用,从而在存储、传输、运算等多个计算方面达到高效。

二、分布式资源管理技术

信息系统仿真系统在大多数情况下会处在多节点并发执行环境中,要保证系统状态的正确性,必须保证分布数据的一致性。为了分布的一致性问题,计算机界的很多公司和研究人员提出了各种各样的协议,这些协议即是一些需要遵循的规则,也就是说,在云计算出现之前,解决分布的一致性问题是靠众多协议的。但对于大规模,甚至超大规模的分布式系统来说,无法保证各个分系统、子系统都使用同样的协议,也就无法保证分布的一致性问题得到解决。云计算中的分布式资源管理技术圆满解决了这一问题。Google 公司的 Chubby 是最著名的分布式资源管理系统,该系统实现了 Chubby 服务锁机制,使得解决分布一致性问题的不再仅仅依赖一个协议或者是一个算法,而是有了一个统一的服务(service)。

三、并行编程技术

云计算采用并行编程模式。在并行编程模式下,并发处理、容错、数据分布、负载均衡等细节都被抽象到一个函数库中,通过统一接口,用户大尺度的计算任务被自动并发和分布执行,即将一个任务自动分成多个子任务,并行地处理海量数据。

对于信息系统仿真这种复杂系统的编程来说,并行编程模式是一种颠覆性的革命,它是在网络计算等一系列优秀成果上发展而来的,所以更加淋漓尽致地体现了面向服务的体系架构(SOA)技术。可以预见,如果将这一并行编程模式引入信息系统仿真领域,定会带来信息系统仿真软件建设的跨越式进步。

第三节　实　　践

一、云物联

“物联网就是物物相连的互联网”。这有两层意思:第一,物联网的核心和基础仍然是互联网,是在互联网基础上的延伸和扩展的网络;第二,其用户端延伸和扩展到了任何物品与物品之间,进行信息交换和通信。

物联网的两种业务模式:

(1)MAI(M2M Application Integration),内部 MaaS;

(2)MaaS(M2M As A Service),MMO,Multi-Tenants(多租户模型)。

随着物联网业务量的增加,对数据存储和计算量的需求将带来对“云计算”能力的要求:

(1)云计算:从计算中心到数据中心在物联网的初级阶段,PoP 即可满足需求;

(2)在物联网高级阶段,可能出现 MVNO/MMO 营运商(国外已存在多年),需要虚拟化云计算技术,SOA 等技术的结合实现互联网的泛在服务:TaaS(everything As A Service)。

二、云安全

云安全(Cloud Security)是一个从云计算演变而来的新名词。云安全的策略构想是:使用者越多,每个使用者就越安全,因为如此庞大的用户群,足以覆盖互联网的每个角落,只要某个网站被挂马或某个新木马病毒出现,就会立刻被截获。

云安全通过网状的大量客户端对网络中软件行为的异常监测,获取互联网中木马、恶意程序的最新信息,推送到 Server 端进行自动分析和处理,再把病毒和木马的解决方案分发到每一个客户端。

三、云存储

云存储(Cloud Storage)是在云计算概念上延伸和发展出来的一个新的概念,是指通过集群应用、网格技术或分布式文件系统等功能,将网络中大量各种不同类型的存储设备通过应用软件集合起来协同工作,共同对外提供数据存储和业务访问功能的一个系统。当云计算系统运算和处理的核心是大量数据的存储和管理时,就需要配置大量的存储设备,那么云计算系统就转变成为一个云存储系统,所以云存储是一个以数据存储和管理为核心的云计算系统。

四、私有云

私有云(Private Cloud)是将云基础设施与软硬件资源创建在防火墙内,以供机构或企业内各部门共享数据中心内的资源。创建私有云,除了硬件资源外,一般还有云设备(IaaS)软件;现时商业软件有 VMware 的 vSphere 和 Platform Computing 的 ISF,开放源代码的云设备软件主要有 Eucalyptus 和 OpenStack。

五、云游戏

云游戏(Cloud Gaming)是以云计算为基础的游戏方式,在云游戏的运行模式下,所有游戏都在服务器端运行,并将渲染完毕后的游戏画面压缩后通过网络传送给用户。在客户端,用户的游戏设备不需要任何高端处理器和显卡,只需要基本的视频解压能力就可以了。就现今来说,云游戏还并没有成为家用机和掌机界的联网模式,因为至今 X360 仍然在使用 LIVE,PS 是 PS NETWORK,wii 是 wi-fi。但是几年后或十几年后,云计算取代这些东西成为其网络发展的终极方向的可能性非常大。如果这种构想能够成为现实,那么主机厂商将变成网络运营商,他们不需要不断投入巨额的新主机研发费用,而只需要拿这笔钱中的很小一部分去升级自己的服务器就行了,但是达到的效果却是相差无几的。对于用户来说,他们可以省下购买主机的开支,但是得到的却是顶尖的游戏画面(当然对于视频输出方面的硬件必须过硬)。你可以想象一台掌机和一台家用机拥有同样的画面,家用机和我们今天用的机顶盒一样简单,甚至家用机可以取代电视的机顶盒而成为次时代的电视收看方式。

六、云教育

视频云计算应用在教育行业的实例:流媒体平台采用分布式架构部署,分为 web 服务器、数据库服务器、直播服务器和流服务器,如有必要可在信息中心架设采集工作站搭建网络电视或实况直播应用,在各个学校已经部署录播系统或直播系统的教室配置流媒体功能组件,这样录播实况可以实时传送到流媒体平台管理中心的全局直播服务器上,同时录播的学校本色课件也可以上传存储到教育局信息中心的流存储服务器上,方便今后的检索、点播、评估等各种应用。

七、云会议

云会议(Cloud Conference)是基于云计算技术的一种高效、便捷、低成本的会议形式。使用者只需要通过互联网界面,进行简单易用的操作,便可快速高效地与全球各地团队及客户同步分享语音、数据文件及视频,而会议中数据的传输、处理等复杂技术由云会议服务商帮助使用者进行操作。目前国内云会议主要集中在以 SaaS(软件即服务)模式为主体的服务内容,基于云计算的视频会议就叫云会议。云会议是视频会议与云计算的完美结合,带来了最便捷的远程会议体验。及时语移动云电话会议,是云计算技术与移动互联网技术的完美融合,通过移动终端进行简单的操作,提供随时随地高效地召集和管理会议。

八、云社交

云社交(Cloud Social)是一种物联网、云计算和移动互联网交互应用的虚拟社交应用模式,以建立著名的“资源分享关系图谱”为目的,进而开展网络社交,云社交的主要特征,就是把大量的社会资源统一整合和评测,构成一个资源有效池向用户按需提供服务。参与分享的用户越多,能够创造的利用价值就越大。

借　鉴　篇

“他山之石，可以攻玉”。随着大数据相关技术的不断成熟，应用的领域也越来越多，我们每天都可以看到大数据在各行各业的一些新奇应用：大数据帮助电信企业实现售后服务质量提升，帮助保险企业识别欺诈骗保行为，帮助快递公司监测分析运输车辆的故障险情以提前预警维修，帮助电力公司有效识别预警即将发生故障的设备，帮助电商公司向用户推荐商品和服务，帮助旅游网站为旅游者提供心仪的旅游路线，帮助二手市场的买卖双方找到最合适的交易目标，帮助用户找到最合适的商品购买时间、商家和最优惠价格等。参考大数据在其他行业的应用，可以更好地帮助我们认知大数据，应用大数据，实现交通物流领域大数据的高效合理利用。

第七章　大数据在金融行业

金融行业具有信息化程度高、数据质量好、数据维度全、数据场景多的特点。金融业高度依赖于信息技术的创新，是最为典型的数据驱动行业之一，大数据应用的成熟度较高，数据应用也取得了较好的成绩。大型商业银行、保险、证券企业在大数据应用领域已经取得了显著的成效；直投、小贷、担保、征信等金融服务以及个人对个人（P2P）、众筹等新兴的互联网金融产品，也正在利用大数据进行着颠覆性的变革。

第一节　数据来源

一、企业内部数据

内部数据获取方面，因为金融行业信息化程度较高，大部分企业都已经完成了信息化，客户服务、业务处理、后台操作等各个环节都实现了信息化和数据化。金融企业内部拥有海量、多维度、高质量的数据，这些数据通过柜台、网上银行、ATM 交易、客户刷卡消费、保险交易、证券交易等多种渠道获取。从数据类型上看，可以将企业内部数据划分以下几个大类：

1. 基础数据

主要是指描述客户自身特点的数据。

个人客户信息数据包括：个人姓名，性别，年龄，身份信息，联系方式，职业，生活城市,工作地点,家庭地址,所属行业,具体职业,收入,社会关系,婚姻状况,子女信息,教育情况,工作经历,工作技能,账户信息,产品信息,个人爱好等。

企业客户信息数据包括:企业名称,关联企业,所属行业,销售金额,注册资本,账户信息,企业规模,企业地点,分公司情况,客户和供应商,信用评价,主营业务,法人信息等。

2. 交易数据

主要是指客户通过渠道发生的交易以及现金流信息。

个人客户交易信息:包括工资收入,其他收入,个人消费,公共事业缴费,信贷还款,转账交易,委托扣款,购买理财产品,购买保险产品,信用卡还款等。

企业客户交易信息:包括供应链应收款项,供应链应付款项,员工工资,企业运营支出,同分公司之间交易,同总公司之间交易,税金支出,理财产品买卖,外汇产品买卖,金融衍生产品购买,公共费用支出,其他转账等。

3. 资产数据

资产信息主要是指客户在银行端资产和负债信息。

个人客户资产负债信息包括:购买的理财产品,定期存款,活期存款,信用贷款,抵押贷款,信用卡负债,抵押房产,企业年金等。

企业客户资产负债信息包括:企业定期存款,活期存款,信用贷款,抵押贷款,担保额度,应收账款,应付账款,理财产品,票据,债券,固定资产等。

二、企业外部数据

除了企业内部掌握的相关数据外,金融机构也在尝试通过各种手段,获取和整合更多的外部数据,以扩展对客户的了解。外部数据主要包括:

1. 行为数据

主要是指客户在互联网上的行为数据,包括 APP 应用上的点击数据,社交媒体和社交网络数据,电商平台的消费数据。银行可以购买这些数据来完善自己的大数据分析输入,行为数据作为补充数据来为银行数据营销、产品设计、数据反馈、风险管理提供数据支持。

2. 位置信息

主要是指银行客户使用的移动设备位置信息,客户自己所处的地理空间数据。包括其多频率的位置往返数据。银行可以利用其进行精准营销，结合商家推出优惠服务，同时也可以利用其信息提供理财产品介绍会，针对特殊人群的财富管理会议，为新增网点还是撤销网点提供决策支持等。

3. 供应链数据

主要是指企业同上下游企业之间的商品或货物的交易信息。银行自身的供应链信息不全，无法完全支撑对企业的供应链金融服务，银行需要和具有这些信息的电商平台例如阿里，京东等合作，根据完整的供应链信息来提供金融服务。

4. 商业数据

主要是指经过分析整理的研究数据，包括消费者行为数据、行业分析报告、竞争与市场数据、宏观经济数据、特殊定制数据等。银行可以利用第三方的专业分析报告来制定自身风险偏好，同时为自身的大数据分析、产品开发、风险管理提供决策支持。

第二节　数 据 应 用

金融行业是各个行业中最依赖于数据的，同时也是最容易实现数据变现的。银行业、保险业、证券业均在大数据应用方面进行了有益的探索，也取得了一定的成绩。

一、银行业的大数据应用

银行业是较早利用大数据开展相关业务的行业之一，同时也是大数据应用较好的行业。对于数据资产的管理、运用、挖掘，成为现代银行业加快创新、增强管理能力等业务的最重要工作。大数据挖掘分析决策的主要流程见图 7-1。银行业海量的数据内容，需要从“数据清理/整合→数据仓库→数据选择→数据挖掘→模式评价→知识”多次的循环反复，才有可能达到预期的效果。图 7-1 为银行大数据应用逻辑图。

具体而言，银行业应用大数据可以从以下维度展开：

1. 客户画像应用

客户画像应用主要分为个人客户画像和企业客户画像。个人客户画像包括人口统计学特征、消费能力数据、兴趣数据、风险偏好等；企业客户画像包括企业的生产、流通、运营、财务、销售和客户数据、相关产业链上下游等数据。值得注意的是，银行拥有的客户信息并不全面，基于银行自身拥有的数据有时候难以得出理想的结果甚至可能得出错误的结论。比如，如果某位信用卡客户月均刷卡8次，平均每次刷卡金额800元，平均每年打4次客服电话，从未有过投诉，按照传统的数据分析，该客户是一位满意度较高、流失风险较低的客户。但如果看到该客户的微博，得到的真实情况是：工资卡和信用卡不在同一家银行，还款不方便，好几次打客服电话没接通，客户多次在微博上抱怨，该客户流失风险较高。所以银行不仅仅要考虑银行自身业务所采集到的数据，更应考虑整合外部更多的数据，以扩展对客户的了解。

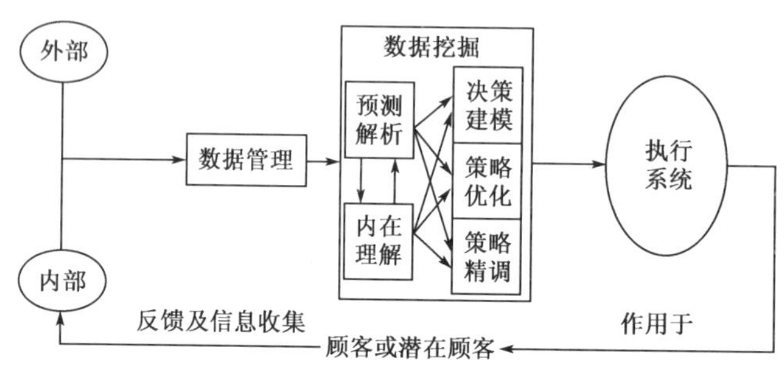

图7-1 银行大数据应用逻辑图

2. 精准营销

在客户画像的基础上银行可以有效地开展精准营销，按照单个客户个性化的营销方案和服务体系，银行依照信息化技术手段可以建立起精确的营销方案以实现对个人客户的精准营销（Precision Marketing）。这种建立在精准定位基础之上的营销活动，包含着对个体的关注和差异化的认同，可以最大限度地摊平企业的成本。精准营销对于每一位客户的的兴趣、爱好、购买能力均可以做出预测和判断，根据综合化的评分向顾客推荐金融服务及产品，以保障推荐产品在其财力范围和兴趣半径之内。精准营销的基本理念如图7-2所示。

传统银行业当中，认识产品、产生兴趣、付款购买三个环节是消费者在购买过程当中必然出现的环节。由于在认知产品的过程当中，消费者会通过网络、私人渠道进行检索，对产品信息、类别进行了解以确定其购买信息，在此过程当中产生的搜索数据便可以定位消费者的收入水平、兴趣和爱好，企业借助分布式存储和云计算深度挖掘这一系列关于该类消费者的信息，形成完整的客户关系系统（CRM系统），从而设计出各种序列的营销方案，推送给消费者，实现精准化营销，具体内容包括：

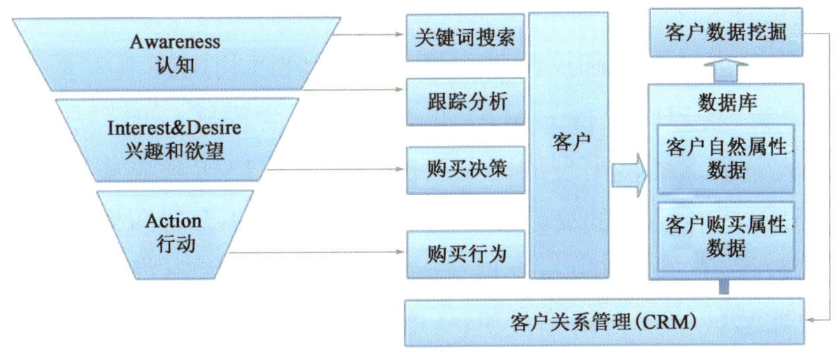

图7-2　银行精准营销示意图

(1)实时营销。实时营销是根据客户的实时状态来进行营销,比如客户当时的所在地、客户最近一次消费等信息来有针对地进行营销(某客户采用信用卡采购孕妇用品,可以通过建模推测怀孕的概率并推荐孕妇所喜欢的业务);或者将改变生活状态的事件(换工作、改变婚姻状况、置居等)视为营销机会。

(2)交叉营销。即不同业务或产品的交叉推荐,如招商银行可以根据客户交易记录分析,有效地识别小微企业客户,然后用远程银行来实施交叉销售。

(3)个性化推荐。银行可以根据客户的喜好进行服务或者银行产品的个性化推荐,如根据客户的年龄、资产规模、理财偏好等,对客户群进行精准定位,分析出其潜在金融服务需求,进而有针对性的营销推广。

(4)客户生命周期管理。客户生命周期管理包括新客户获取、客户防流失和客户赢回等。如招商银行通过构建客户流失预警模型,对流失率等级前20%的客户发售高收益理财产品予以挽留,使得金卡和金葵花卡客户流失率分别降低了15个百分点和7个百分点。

3. 风险管控

应用大数据进行风险管控背后的基本逻辑是:通过分析历史事件,找到其内在规律,建立模型,然后用新的数据去验证和进化模型。以美国主流的个人信用评分工具FICO信用分为例,其基本思路是:把借款人过去的信用历史资料与数据库中的全体借款人的信用习惯进行比较,检查借款人的发展趋势和经常违约、随意透支、甚至申请破产的各种陷入财务困境的借款人的发展趋势是否相似。一般来说,银行业风险管控具体包括中小企业贷款风险评估和欺诈交易识别。

(1)中小企业贷款风险评估。银行可通过企业的生产、流通、销售、财务等相关信息结合大数据挖掘方法进行贷款风险分析,量化企业的信用额度,更有效地开展中小企业贷款。

（2）实时欺诈交易识别和反洗钱分析。银行可以利用持卡人基本信息、卡基本信息、交易历史、客户历史行为模式、正在发生行为模式（如转账）等，结合智能规则引擎（如从一个不经常出现的国家为一个特有用户转账或从一个不熟悉的位置进行在线交易）进行实时的交易反欺诈分析。如 IBM 金融犯罪管理解决方案帮助银行利用大数据有效地预防与管理金融犯罪，摩根大通银行则利用大数据技术追踪盗取客户账号或侵入自动柜员机（ATM）系统的罪犯。

4. 运营优化

（1）市场和渠道分析优化。通过大数据，银行可以监控不同市场推广渠道尤其是网络渠道推广的质量，从而进行合作渠道的调整和优化。同时，也可以分析哪些渠道更适合推广、哪类银行产品或者服务，从而进行渠道推广策略的优化。

（2）产品和服务优化：银行可以将客户行为转化为信息流，并从中分析客户的个性特征和风险偏好，更深层次地理解客户的习惯，智能化分析和预测客户需求，从而进行产品创新和服务优化。如兴业银行目前对大数据进行初步分析，通过对还款数据挖掘比较区分优质客户，根据客户还款数额的差别，提供差异化的金融产品和服务方式。

（3）舆情分析：银行可以通过爬虫技术，抓取社区、论坛和微博上关于银行以及银行产品和服务的相关信息，并通过自然语言处理技术进行正负面判断，尤其是及时掌握银行以及银行产品和服务的负面信息，及时发现和处理问题；对于正面信息，可以加以总结并继续强化。同时，银行也可以抓取同行业的银行正负面信息，及时了解同行做得好的方面，以作为自身业务优化的借鉴。

二、保险业的大数据应用

过去，由于保险行业的代理人的特点，在传统的个人代理渠道，代理人的素质及人际关系网是业务开拓的最为关键因素，而大数据在新客户开发和维系中的作用就没那么突出。但随着互联网、移动互联网以及大数据的发展，网络营销、移动营销和个性化的电话销售的作用将会日趋显现，越来越多的保险公司注意到大数据在保险行业中的作用。总的来说，保险行业的大数据应用可以分为三大方面：客户细分及精细化营销、欺诈行为分析和精细化运营。

1. 客户细分及精细化营销

（1）客户细分及差异化服务。风险偏好是确定保险需求的关键。风险喜好者、风险中立者和风险厌恶者对于保险需求有不同的态度。一般来讲,风险厌恶者有更大的保险需求。在客户细分的时候,除了风险偏好数据外,要结合客户职业、爱好、习惯、家庭结构、消费方式偏好数据,利用机器学习算法来对客户进行分类,并针对分类后的客户提供不同的产品和服务策略。比如在美国买车险,根据人的婚姻状况、车辆颜色、年龄等各种信息,都会得到不同的保费金额。而最近大火的 UBI(Usage Based Insurance)更是将大数据技术的使用推向新高度。甚至通过在保险购买者的车辆上安装检测 OBD 数据的硬件设备来获取各项数据,从而对好驾驶员和坏驾驶员差别定价保费。

(2)潜在客户挖掘及流失用户预测。保险公司可通过大数据整合客户线上和线下的相关行为,通过数据挖掘手段对潜在客户进行分类,细化销售重点。通过大数据进行挖掘,综合考虑客户的信息、险种信息、既往出险情况、销售人员信息等,筛选出影响客户退保或续期的关键因素,并通过这些因素和建立的模型,对客户的退保概率或续期概率进行估计,找出高风险流失客户,及时预警,制定挽留策略,提高保单续保率。

(3)客户关联销售。保险公司可以关联规则找出最佳险种销售组合、利用时序规则找出顾客生命周期中购买保险的时间顺序,从而把握保户提高保额的时机、建立既有保户再销售清单与规则,从而促进保单的销售。除了这些做法以外,借助大数据,保险业可以直接锁定客户需求。以淘宝运费退货险为例。据统计,淘宝用户运费险索赔率在 50% 以上,该产品对保险公司带来的利润只有 5% 左右,但是有很多保险公司都有意愿去提供这种保险。因为客户购买运费险后保险公司就可以获得该客户的个人基本信息,包括手机号和银行账户信息等,并能够了解该客户购买的产品信息,从而实现精准推送。假设该客户购买并退货的是婴儿奶粉,我们就可以估计该客户家里有小孩,可以向其推荐关于儿童疾病险、教育险等利润率更高的产品。

(4)客户精准营销。在网络营销领域,保险公司可以通过收集互联网用户的各类数据,如地域分布等属性数据,搜索关键词等即时数据,购物行为、浏览行为等行为数据,以及兴趣爱好、人脉关系等社交数据,可以在广告推送中实现地域定向、需求定向、偏好定向、关系定向等定向方式,实现精准营销。

2. 欺诈行为分析

基于企业内外部交易和历史数据,实时或准实时预测和分析欺诈等非法行为,包括医疗保险欺诈与滥用分析以及车险欺诈分析等。

(1)医疗保险欺诈与滥用分析。医疗保险欺诈与滥用通常可分为两种,一是非法骗取保险金,即保险欺诈;另一类则是在保额限度内重复就医、浮报理赔金额等,即医疗保险滥用。保险公司能够利用过去数据,寻找影响保险欺诈最为显著的因素及这些因素的取值区间,建立预测模型,并通过自动化计分功能,快速将理赔案件依照滥用欺诈可能性进行分类处理。

(2)车险欺诈分析。保险公司能够利用过去的欺诈事件建立预测模型,将理赔申请分级处理,可以很大程度上解决车险欺诈问题,包括车险理赔申请欺诈侦测、业务员及修车厂勾结欺诈侦测等。

3.精细化运营

(1)产品优化,保单个性化。过去在没有精细化的数据分析和挖掘的情况下,保险公司把很多人都放在同一风险水平之上,客户的保单并没有完全解决客户的各种风险问题。但是,保险公司可以通过自有数据以及客户在社交网络的数据,解决现有的风险控制问题,为客户制定个性化的保单,获得更准确以及更高利润率的保单模型,给每一位顾客提供个性化的解决方案。

(2)运营分析。基于企业内外部运营、管理和交互数据分析,借助大数据平台,全方位统计、预测企业经营和管理绩效。基于保险保单和客户交互数据进行建模,快速分析和预测再次发生市场风险、操作风险的概率。

(3)代理人(保险销售人员)甄选。根据代理人员(保险销售人员)业绩数据、性别、年龄、进入公司前工作年限、其他保险公司经验和代理人思维性向测试等,找出销售业绩相对最好的销售人员特征,优选高潜力销售人员。

三、证券业的大数据应用

大数据时代,券商们已意识到大数据的重要性,券商对于大数据的研究与应用正在处于起步阶段,相对于银行和保险业,证券行业的大数据应用起步相对较晚。目前国内外证券行业的大数据应用大致有以下三个方向。

1.股价预测

近年来出现许多新的工作开始挑战有效市场假说的合理性,如从行为金融学的角度。许多研究表明金融市场并不是一个完全的随机过程,在一定程度上,金融市场存在着一定的可预测性。比如,我们确实无法预料市场中新信息的出现,但却可以从社交网络媒体抓取出一些征兆,利用这些征兆,可以在一定程度上预测经济和社会中未来情绪和信息的变化。

在最近发表于 Journal of Computational Science 上的一篇论文中 Twitter mood predicts the stock market,印第安纳大学和曼彻斯特大学的研究人员利用 Twitter 上的用户发表的内容,通过两种情绪分析模型,分别是 Opinion Finder 和 Google-Profile of Mood States(GPOMS),来抓取和分析公众的情绪变化。其中 Opinion Finder 是将人的情绪区分为正面和负面两种模式,而 GPOMS 将情绪分成更细致的六类,分别是 Calm,Alert,Sure,Vital,Kind 和 Happy。利用格兰杰因果检验(Granger Causality Test),作者发现公众情绪和道琼斯平均指数(DJIA)之间存在着明显的关联,且公众情绪的时间序列可以作为股指变化的自变量。尤其是 GPOMS 中的 Calm 指标,在提前 2 天到 6 天的范围内,可以对指数变动做出有效地反应。因此,从某种程度上讲,公众情绪某些指标可能可以有效地预测未来股价的变动。基于这样的猜测,该文作者在一个自组织模糊神经网络模型[Self-organizing Fuzzy Neural Network(SOFNN) Model]的基础上,将公众情绪时间序列作为一个自变量输入到该模型中,通过这样的改进,使得预测的效果有明显的改善。该模型可以有效地预测 DJIA 指数收盘价的涨和跌的方向,其准确率高达 86.7%,而预测失误的平均百分比下降 6%。

麻省理工学院的学者,根据情绪词将 Twitter 内容标定为正面或负面情绪。结果发现,无论是如“希望”的正面情绪,或是“害怕”、“担心”的负面情绪,其占总 Twitter 内容数的比例,都预示着道琼斯指数、标准普尔 500 指数、纳斯达克指数的下跌。美国佩斯大学的一位博士则采用了另外一种思路,他追踪了星巴克、可口可乐和耐克三家公司在社交媒体上的受欢迎程度,同时比较它们的股价。他们发现,Facebook 上的粉丝数、Twitter 上的听众数和 Youtube 上的观看人数都和股价密切相关。另外,品牌的受欢迎程度,还能预测股价在 10 天、30 天之后的上涨情况。

在实践中也有企业开始尝试基于社交网络大数据预测市场走势。2011 年 5 月英国对冲基金 Derwent Capital Markets 建立了规模为 4000 万美金的对冲基金,该基金是首家基于社交网络的对冲基金,通过分析 Twitter 的数据内容来感知市场情绪,从而指导进行投资。利用 Twitter 的对冲基金 Derwent Capital Markets 在首月的交易中确实盈利了,其以 1.85% 的收益率,让平均数只有 0.76% 的其他对冲基金相形见绌。

2. 客户关系管理

(1)客户细分。通过分析客户的账户状态(类型、生命周期、投资时间)、账户价值(资产峰值、资产均值、交易量、佣金贡献和成本等)、交易习惯(周转率、市场关注度、仓位、平均持股市值、平均持股时间、单笔交易均值和日均成交量等)、投资偏好(偏好品种、下单渠道和是否申购)以及投资收益(本期相对和绝对收益、今年相对和绝对收益和投资能力等),来进行客户聚类和细分,从而发现客户交易模式类型,找出最有价值和盈利潜力的客户群,以及他们最需要的服务,更好地配置资源和政策,改进服务,抓住最有价值的客户。

(2)流失客户预测。券商可根据客户历史交易行为和流失情况来建模从而预测客户流失的概率。如 2012 年海通证券自主开发的“给予数据挖掘算法的证券客户行为特征分析技术”主要应用在客户深度画像以及基于画像的用户流失概率预测。通过对海通 100 多万样本客户、半年交易记录的海量信息分析,建立了客户分类、客户偏好、客户流失概率的模型。该项技术最大初衷是希望通过客户行为的量化分析,来测算客户将来可能流失的概率。

3. 投资景气指数

2012 年,国泰君安推出了“个人投资者投资景气指数”(简称 3I 指数),通过一个独特的视角传递个人投资者对市场的预期、当期的风险偏好等信息。国泰君安研究所对海量个人投资者样本进行持续性跟踪监测,对账本投资收益率、持仓率、资金流动情况等一系列指标进行统计、加权汇总后得到的综合性投资景气指数。3I 指数通过对海量个人投资者真实投资交易信息的深入挖掘分析,了解交易个人投资者交易行为的变化、投资信心的状态与发展趋势、对市场的预期以及当前的风险偏好等信息。在样本选择上,选择资金 100 万元以下、投资年限 5 年以上的中小投资者,样本规模高达 10 万,覆盖全国不同地区,所以,这个指数较为有代表性。在参数方面,主要根据中小投资者持仓率的高低、是否追加资金、是否盈利这几个指标,来看投资者对市场是乐观还是悲观。“3I 指数”每月发布一次,以 100 为中间值,100 ~ 120 属于正常区间,120 以上表示趋热,100 以下则是趋冷。从实验数据看,从 2007 年至今,“3I 指数”的涨跌波动与上证指数走势拟合度相当高。

总的来看,大数据在金融行业的应用起步比互联网行业稍晚,其应用深度和广度还有很大的扩展空间。金融行业的大数据应用依然有很多的障碍需要克服,比如银行企业内各业务的数据孤岛效应严重、大数据人才相对匮乏以及缺少银行之外的外部数据的整合等问题。可喜的是，金融行业尤其是以银行的中高层对大数据渴望和重视度非常高，相信在未来的两三年内，在互联网和移动互联网的驱动下，金融行业的大数据应用将迎来突破性的发展。

第八章　大数据在零售行业

零售行业随着数据采集与存储技术的进步也逐步形成了零售业大数据。通过对这些数据进行挖掘分析，能够给零售企业带来巨大的商业价值以及服务创新，诸如能够更好地了解和洞察消费者，从而实现精准化营销，或者变革供应链模式，实现货品精细化管理等。

第一节　数 据 来 源

数据获取是将与用户有关的数据进行完整的获取，大数据的复杂性特征意味着数据来源广泛而复杂，且数据获取环节较为关键，它决定着数据质量，影响后续的数据分析及价值挖掘。这就要求零售企业在获取数据方面需要投入很大时间和精力去寻找并筛选出有价值的信息。在所有的零售渠道中，实体店占据着绝大多数的市场份额，但是线上渠道的吸引力在迅速增强，并且以中国消费者尤为突出。随着线上线下购物逐步融为一体，生存和成功将取决于零售商通过各种渠道接触到消费者的能力，更重要的是其为消费者提供多渠道的无缝连接购物体验的能力。

一、线下零售数据

依托线下实体销售点进行数据采集，是零售行业最为传统的数据来源。POS系统是零售行业最为重要的线下信息来源，零售企业可以通过 POS 终端采集大量结构化数据。未来的 POS 将逐渐转化为类似 Counter Portal 的产品，不仅具备基础的结算功能,也具备更强大的用户数据收集与管理功能;在部分联营业态中,Counter Portal 已经成为品牌进行前端用户服务的重要产品。

此外,一些企业也尝试通过其他方式尽可能多地从线下获取数据。沃尔玛尝试采用一些前沿的大数据采集技术,如在服装人体假模的眼睛里安装摄像头,通过图像识别技术判断顾客的停留时间、目光关注热区、高矮胖瘦甚至是否怀孕等;通过店内的 Wi-Fi 收集关于客户购买的物品、他们住的地方,他们喜欢的产品等信息。在 ZARA 的门店里,柜台和店内各角落都装有摄影机,店经理随身带着 PDA,目的是记录其顾客的每个意见,如顾客对衣服图案的偏好、扣子的大小、拉链的款式之类的微小举动。

二、线上零售数据

线上数据主要包括两部分,一部分是零售企业自身线上渠道获取数据,既包括布局线上业务的传统零售企业,也包括近年来迅猛发展的电商企业,数据内容主要是线上浏览数据和线上交易数据;另一部分是应用技术手段捕获的其他网络信息。

传统零售企业以 ZARA 为例,2010 年,ZARA 同时在六个欧洲国家成立网络商店,增加了网络巨量资料与线下资料的串联性;2011 年,ZARA 分别在美国、日本推出网络平台,除了增加营收,线上商店强化了双向搜寻引擎、资料分析的功能。

电子商务企业以京东为例,技术团队会对消费者在网站上看了什么东西,停留多长时间,是否查看评论,有没有把商品加入购物车,加入购物车后是否最终购买,下订单后的配送信息,以及出现售后问题和返修问题的相关数据进行记录。

第二节　数 据 应 用

大数据时代,如何利用大数据取得更多销量与利润是零售行业面临的挑战。目前,国内外无论是传统零售企业还是新兴的电子商务零售企业,都在大数据应用方面取得不少成功案例。

一、沃尔玛的大数据应用

曾创造了“啤酒与尿布”的经典商业案例的沃尔玛是最早开始投资和部署大

数据应用的传统企业巨头之一,通俗地讲,“大数据天然不是沃尔玛,但沃尔玛天然是大数据”,其拥有一个庞大的大数据生态系统,是全世界第二大数据仓库,仅次于拥有世界上第一大数据仓库的美国中央情报局。沃尔玛的大数据的生态系统每天处理数 TB 级的新数据和 PB 级的历史数据。其分析涵盖了数以百万计的产品数据和从不同的来源的数亿客户数据。

1. 整合产业链资源

大数据时代的到来对传统零售业来说是挑战也是机遇,产业链整合是目前零售业进行转型的核心问题。其中零售业产业链条,由零售终端开始往前推,包括售后服务提供商、经销商、运输商、生产商和供应商等几个环节。在这些环节上产生的数据都将成为零售业大数据的一部分。如何通过产业链主体间的协调运作实现这些数据的共享与协同价值创造,以及如何实现大数据驱动的产业链协调运作机制等问题是零售业的当务之急。2014 年 7 月初沃尔玛的 WMX(Wal-mart Exchange)平台投入试用,这个平台会将消费者购买数据共享给沃尔玛的供应商,协助供应商做出决策,为供应商节省成本,达到多方共赢。

2. 利用社会化网络辅助企业决策

以往的决策模式主要是企业一方单独进行决策,大数据时代使得企业管理理念和决策模式发生转变。零售企业可以主动引导网民群体和社会媒体参与其业务流程中的研发、设计、生产、市场推广、销售和客户关系管理等环节,并根据网民群体的互动反馈完成产品优化与创新,实现企业与网民群体的协同发展。这同时也是体验营销的方式之一,即网民群体向企业传达建议和心声,一旦建议被采纳并应用,会使这部分群体增加对企业品牌的认可,从而成为企业的实际消费者,促进产品销售。2011 年 4 月,沃尔玛以 3 亿美元高价收购了一家专长分类社群网站 Kosmix。Kosmix 不仅能收集、分析网络上的海量资料给企业,还能将这些资讯个人化,提供采购建议给终端消费者。

3. 精准化洞察顾客需求

传统数据库中的数据大多为静态结构化数据,无法准确判断顾客真实需求,而基于云计算、物联网产生的大数据多为动态的非结构化数据,对于这些大数据进行获取、整理和分析能够实时将顾客的行为模型化,随时随地精准洞察顾客潜在的和最新的需求,能够精准识别顾客购买决策,从而主动推荐产品或服务,顺利完成交易。沃尔玛使用的“大数据”模式，已经从“挖掘”顾客需求进展到要能够“创造”消费需求。Kosmix 为沃尔玛打造的“大数据”系统称作“社交基因组（Social Genome）”，连接 Twitter、Facebook 等社交媒体。工程师从每天热门消息中，推出与社会时事呼应的商品，创造消费需求。分类范围包含消费者、新闻事件、产品、地区、组织和新闻议题等。同时，针对社交网络快消息流的性质，沃尔玛内部的“大数据”实验室专门发展出一套追踪系统，结合手机上网，专门管理追踪庞大的社交动态，每天能处理的资讯量超过 10 亿笔。

4. 分析新老顾客在消费行为方面的差异

通过大数据挖掘对新老顾客的消费频次、消费品类的结构变化、消费价格带的差异、价格敏感度的差异进行分析。例如结合会员卡的卡龄和顾客的实际年龄，将顾客的消费次数、频次、消费类别和消费金额等信息展示，报表数据查询，多维分析查询等，运用于促销方案的制定，并提供给公司高层做战略制定依据。通过新老顾客在商品上市后的消费时间来看季节过程中的销售侧重点。

5. 销量和货架资源利用分析

不同商品的销售周期长短不一，但是决定商品销量一般在刚刚上市的前几周就能看出。例如各款式商品在第一周、第二周及第三周销售力变化情况以及各款式货架资源投入产出效率的分析，就能较好地把握销售机会以及合理把握库存规模。通过货架资源利用分析，可以得到商品在货架上陈列时间与它所得到的毛利，将两者进行比较，就能得到经营过程中的货架资源利用效率。

二、京东的大数据应用

一直以来，京东对标的标杆公司都是以数据公司自居的亚马逊，将自身定位为数据驱动的电子商务公司。京东的数据资源，最典型的特点就是一个“全”字。因为长期坚持“自营＋自建物流”，京东几乎掌握了全产业链的数据。但是在实际应用这些数据时，京东更强调把大数据玩小，要从小处着手，以小见大。具体而言就是，围绕每一个用户，京东都为其开设一个数据银行，围绕着用户来存储、处理。这种以用户为中心的模式，看起来小，其实很大，必须要做到信息完整。在这个过程完成的基础上，用户体验可以优化，技术架构可以进一步升级。

1. 重点应用领域

京东大数据重点应用领域主要包含以下五个方面：

(1)大数据最核心的应用是用户画像。这一点做好以后,使得公司对用户更加了解,接下来就可以做一系列工作,比如围绕着用户进行精准营销,然后围绕网站和 APP 可以做千人千面,让用户转化率更高。目前千人千面在移动端已经上线,网站在测试后也将上线。有了用户画像技术还可以对用户分群,我们就知道哪个人群可以赚钱,发优惠券的时候就更有针对性。

(2)大数据可以进行预测。对销量的预测决定公司采购多少货,从而提高库存管理能力和资金周转能力。再比如,对用户的行为也可以预测,算出你下一个点击是什么。

(3)大数据可以实现采销互动。以往的运营经验显示,盲目地降价不一定能带来销量的增加,以前通过降低毛利率的方式来实现销售额增长,或者通过减少销售额来增加毛利率,但是大数据告诉我们两个都可以增长,通过采销互动可以模拟给你看,毛利有多少,销售额涨了多少,没有采购之前给你模拟出来。因此,可以围绕着商品的价格弹性,进行采销互动。

(4)大数据可以优化运营效率。比如说库房里优化检货的路径,货架上的摆货逻辑。还有公司的配送网络,一个配送站或自提点该不该开,怎么开,怎么覆盖用户,全国的配送网络怎么优化,全部可以大数据算出来。

(5)大数据辅助公司决策。通过大数据来判断品类怎么去拓展,未来的机会点在哪,公司是否要做战略调整等。领导脑子里面想的东西要经过大数据验证,到底是不是这回事。

2. 典型应用产品

目前,京东已经应用大数据开发出多款较为成功的应用产品。

(1)京东慧眼。依托京东慧眼产品,京东开发了一个 JD Phone 计划。京东通过这个计划与很多手机厂商合作,通过大数据来决定下一代产品的方向。传统的制造商要做一款手机,先去做用户调研,然后闭门造车在家里设计,设计完了生产一堆库存,把库存发到各个零售渠道。京东运用大数据,改变了这个模式,通过和手机厂商合作,把京东的大数据开放给他们,手机厂商就可以以此为参考,决定他们的产品定位、配置和设计。互联网手机品牌努比亚和荣耀通过这个计划发展得都很好。

(2)京东白条。白条服务的推出是基于京东积累的大量高质量的客户数据和消费数据,通过对用户的消费记录、配送信息、退货信息、购物评价等数据进行风险评级,建立起了京东自己的信用体系。京东白条的成功,背靠的是大数据风控和信用评估体系这两大互联金融业务的底层基础。京东商城拥有十余年的电商消费数据,这些宝贵的数据刚好为“京东白条”授信提供了有力支撑。

三、ZARA 的大数据应用

1. 分析顾客的需求

通过门店各种装置和店员采集的数据,由店员向分店经理汇报,经理上传到 ZARA 内部全球资讯网络中,每天至少两次传递资讯给总部设计人员,由总部做出决策后立即传送到生产线,改变产品样式。关店后,销售人员结账、盘点每天货品上下架情况,并对客人购买与退货率做出统计。再结合柜台现金资料,交易系统做出当日成交分析报告,分析当日产品热销排名,然后,数据直达 ZARA 仓储系统。收集海量的顾客意见,以此做出生产销售决策,这样的做法大大降低了存货率。同时,根据这些电话和电脑数据,ZARA 分析出相似的“区域流行”,在颜色、版型的生产中,做出最靠近客户需求的市场区分。

2. 结合线上店数据

通过线上线下数据的结合,ZARA 数据处理团队回收意见给生产端,让决策者精准找出目标市场;也对消费者提供更准确的时尚讯息,双方都能享受“大数据”带来的好处。分析师预估,网络商店为 ZARA 至少提升了 10% 营收。

此外,线上商店除了交易行为,也是新产品上市前的营销试金石。ZARA 通常先在网络上举办消费者意见调查,再从网络回馈中撷取顾客意见,以此改善实际出货的产品。ZARA 将网络上的海量资料看作实体店面的前测指标。因为会在网络上搜寻时尚资讯的人,对服饰的喜好、资讯的掌握,催生潮流的能力,比一般大众更前卫。再者,会在网络上抢先得知 ZARA 资讯的消费者,进实体店面消费的比率也很高。这些顾客资料,除了应用在生产端,同时被整个 ZARA 所属的英德斯(Inditex)集团各部门运用:包含客服中心、行销部、设计团队、生产线和通路等。根据这些巨量资料,形成各部门的 KPI,完成 ZARA 内部的垂直整合主轴。

第九章　大数据在能源行业

在利用大数据上，能源行业也正在迎头赶上，把海量的数据经过专业化的特定分析处理用于精准营销、优化供应链、量化内部管理、优化和监控生产等领域。能源大数据理念是将石油、燃气、电力等能源领域数据及人口、地理、气象等其他领域数据进行综合采集、处理、分析与应用的相关技术与思想。能源大数据不仅是大数据技术在能源领域的深入应用，也是能源生产、消费及相关技术革命与大数据理念的深度融合，正加速推进能源产业发展及商业模式创新。

第一节　数据来源

能源行业具有资源密集、技术密集、设备密集、人员密集、高度封闭的特点。从行业自身来看，能源行业因其产业特点，有着大量的自动化系统，沉淀了庞大的设备数据、生产数据、供应链数据和销售数据，其中有大量结构化的日志数据、文本数据，也记录了大量图像、视频、音频等非结构化数据。从行业外部看，因产业生产需要，能源企业还收集了大量地理位置数据、公共天气数据、安全监管数据、周边救援数据等。

第二节　数据应用

一、电力行业大数据应用

电力行业大数据包括电力生产和电能使用的发电、输电、变电、配电和调度等各个环节所产业的数据，可以大致分为三类：一是电网运行和设备检测或监测数据；二是电力企业营销数据，包括交易电价、售电量、用电客户等方面的数据；三是电力企业管理数据。电力大数据的应用可以归结为运行优化和故障预警两大类。

1. 运行优化

运行优化是指从产业链的角度对发电、供电和用电各个环节进行全方位的、整体性运行优化，最终实现智慧电力系统。目前的电力行业的基本情况是，通常意义上的电力损耗一部分发生在发电端，另一部分损耗发生在电力运输上，这两部分均由于技术发展所限，效率仍处在较低水平。除此之外，因为电力生产、传输和使用各个环节相互脱节，导致电力损耗更值得管理人员关注。设想一下，发出去的电如果用不完，就会回到电厂转换成水的重力势能或电池存储的电势能，回头再转化成机械能—电能，中间的损耗可想而知。所以，如何能够达到市场上需要多少电，发多少电，并且优化电网的布局，合理安排峰谷电，减少传输过程中的损耗是我们应用大数据要重点解决的问题。

浙江省电网建立了海量实时/历史数据中心，目前整合了 SCADA、电能量、用电信息采集、GIS、蓄电池/油色谱在线监测等设备在线监测系统，配网 SCADA、电压在线监测等系统数据，基于各类数学算法开展数据优化、网络拓扑、潮流计算、电网结构优化、负荷预测等应用。

美国加州大学洛杉矶分校的研究者根据大数据理论，将人口调查信息、电力企业提供的用户实时用电信息和地理、气象等信息全部整合，设计了一款“电力地图”。该图以街区为单位，可以反映各时刻的用电量，并可将用电量与人的平均收入、建筑类型等信息进行比照。通过完善“电力地图”，能更准确地反映该区经济状况及各群体的行为习惯，以辅助投资者的决策，也可为城市和电网规划提供基础依据。

2. 故障预警

电力系统安全稳定的运行对于社会发展来说至关重要，但是由于电能系统的规模庞大、结构复杂等本身固有原因，电力故障时有发生。电力故障的产因主要分为两类：一是自然原因造成的电力故障，主要是由于风、雨、雷、地震以及电力运输线路自身老化等；二是人为原因造成电力故障，主要是由于人为的错误操作甚至是蓄意破坏造成电力系统不能够正常运行。传统的电力故障分析主要为人工排查和设备监控。人工排查主要依靠人工进行现场的排查，使得工作效率、结果准确性都得不到保障。设备监控则过分依赖于通信网络，并且只能检测到设备是否在正常运行，而不能对电力系统的工作质量进行判断。除此之外，无论是人工排查还是设备监控都不能实现电力故障的预警分析。通过大数据相关技术让微观数据得到关联，并通过表面不相关的数据发现数据背后的秘密。使以非结构化和半结构化数据为主的海量微观数据转换为结构化的大数据，这些从微观数据中提取出的规则为大数据辅助决策提供有力支持，使管理者对安全生产“宏观”把握转变为“微观”运用成为可能。通过运行趋势的分析，综合同型号设备的寿命曲线来判断设备的健康状况，进而决定大修时机和大修项目，达到平衡经济性和设备可用性的目的。

二、石化行业大数据应用

1. 中石化利用大数据，升级页岩气勘探

页岩气开发的关键工艺技术有水平井、分段多级压裂技术。页岩气的开采难度、开采成本、开采技术要求均高于常规油气资源，如何利用大数据技术提高页岩气的钻完井效率、指导水力压裂作业，成为大数据在页岩气勘探开发中最重要的应用场景之一。

在勘探阶段，利用大数据建立科学的数学模型；钻井阶段，运用大数据技术准确识别钻井作业中可能出现的异常情况；生产阶段，及时分析地震、钻井和生产中的各种大数据有助于油藏工程师们绘制储层随时间变化的动态走势。从而优化高产油井数量，采用非现场作业的方式优化钻井资源，减少不必要的探井钻探，降低油气开发成本等。

从应用的效果看，一是节约勘探成本。利用大数据分析穿过油页岩的钻井坐标和方位，可以进一步了解区块储量、可采储量，分析判断油气富集带，确定井位；二是加速工作进程。利用井场、井口和井下采集到的实时数据优化钻井施工、监控作业进程、精确地质导向，最大限度地提高资产利用率和生产效率；三是提高安全系数。通过对整个勘探工作的实时数据分析，及时发现异常情况，对工作人员进行安全预警，可以避免造成人员伤亡和设备损失。

2. 大数据给中石油检修油气管道带来便利

油气管道是石油、天然气最经济、最安全有效的运输方式之一。油气管道在运行过程中腐蚀，引发穿孔泄漏，不但会严重污染环境并破坏生态，还会带来巨大

的经济损失，如何快速、精准查找出腐蚀点，并进行修复成为管道日常管理的一项重点工作。利用大数据分析与管道腐蚀相关的数据，进行筛选分析，按其对腐蚀影响的重要程度进行排序，分析不同管段位置的腐蚀概率。根据腐蚀风险等级划分，对该类腐蚀点进行开挖验证，直接确定腐蚀点的腐蚀情况。再结合开挖直接调查得到的结果修正判定模型结果，制定相应的维修方案。

从应用效果来看，一是降低维修成本。通过各因素的腐蚀性叠加效果并按照腐蚀概率进行排序，得到相应管辖区域管道的腐蚀风险顺序，可以避免对所有疑似腐蚀缺陷点进行开挖，耗费大量人力、物力和财力的现象；二是全面检测管道情况。传统的风险评估方法，通常会基于管道内检测或外检测等单方面数据，可能无法全面排查出可能的腐蚀点，造成腐蚀严重点遗漏的情况；三是保障安全运输。利用大数据可以快速、精准的找出运输管道腐蚀点，及时修复，预防管道发生事故。

探　索　篇

“无车承运人”无疑是我国货运物流行业近几年的关注热点。无车承运是互联网、大数据、云计算等现代信息技术与货运物流行业深度融合催生的新业态，也是平台经济、共享经济下产生的新模式。开展无车承运人试点工作是促进我国物流行业降本增效的有益尝试，也是推动我国物流业智慧化、集约化、规范化的有力抓手。

在大数据、智慧物流迅猛发展的今天，如何评价物流信息化发展程度，用何指数来进行综合衡量，编者联合菜鸟网络、阿里研究院共同研讨建立了我国首个智慧物流大数据发展评价指标体系。而未来的智慧物流，也将继续在创新、协调、绿色、开放、共享五大发展理念的引领下带来更多的惊喜。

第十章　物流的大数据时代先驱者——无车承运人

第一节　谁是真正的无车承运人

一、"无车承运人"成为行业热点

长期以来，我国道路货运市场一直呈现企业弱小、运力分散、车货信息不匹配的结构特征，这催生了大量货运代理、黄牛信息部以及近年来涌现的众多物流信息交易平台。随着移动互联网技术和货运物流行业深度融合，无车承运经营模式取得了快速发展。无车承运人依托移动互联网等技术搭建物流信息平台，通过管理和组织模式的创新，集约整合和科学调度车辆、站场、货源等零散物流资源，能够有效提升运输组织效率，优化物流市场格局，规范市场主体经营行为，推动货运物流行业的转型升级。无车承运人与货运代理、黄牛信息部、撮合交易平台作为货运中间组织者，在我国物流链条中发挥着不可忽视的作用，然而其法律地位一直悬而未定。"营改增36号文"首度明确了无运输工具承运业务的地位和定义，打破了以往"有车经营"的制度束缚。在国务院办公厅下发的《国务院办公厅关于推进线上线下互动加快商贸流通创新发展转型升级的意见》和《国务院办公厅关于深入实施"互联网+流通"行动计划的意见》文件中，明确提出了要"鼓励依托互联网平台的'无车承运人'发展""组织开展道路货运无车承运人试点工作"。

为贯彻落实党中央、国务院有关工作部署，鼓励无车承运物流创新发展，加快完善与新经济形态相适应的体制机制，提升服务能力，推进物流供给侧结构性改革，促进物流业“降本增效”，交通运输部下发了《交通运输部办公厅关于推进改革试点加快无车承运物流创新发展的意见》，在全国开展道路货运无车承运人试点工作，这在我国无车承运人发展历史上具有里程碑意义。2016 年 10 月交通运输部启动我国第一批道路货运无车承运人试点企业申报工作，各地反响热烈。车货组织整合能力、全过程信息化管理、安全规范化运营和承担全程运输责任风险为交通运输部公布无车承运人试点企业的四项基础条件，互联网信息化平台是贯穿始终的核心。车货信息发布、订单车辆可视化管理、在线支付、运费结算、诚信考核等功能均要求在互联网平台实现。经过筛选，最终确定了 283 家试点企业。表 10-1为我国无车承运推进重要节点。

我国无车承运推进重要节点 表 10-1

发布时间	政策文件	无车承运相关内容
2015 年 9 月	《国务院办公厅关于推进线上线下互动加快商贸流通创新发展转型升级的意见》(国办发〔2015〕72 号)	鼓励依托互联网平台的“无车承运人”发展
2016 年 3 月	《财政部国家税务总局关于全面推开营业税改征增值税试点的通知》(财税〔2016〕36 号)	无运输工具承运业务，按照交通运输服务缴纳增值税
2016 年 4 月	《国务院办公厅关于深入实施“互联网 + 流通”行动计划的意见》(国办发〔2016〕24 号)	组织开展道路货运无车承运人试点工作，允许试点范围内无车承运人开展运输业务
2016 年 8 月	《交通运输部办公厅关于推进改革试点加快无车承运物流创新发展的意见》(交办运〔2016〕115 号)	明确无车承运试点条件、内容、组织安排和工作要求等

二、“无车承运人”重在“承运”还是“无车”

国内学者之前研究给出“无车承运人”的概念是不拥有车辆而从事货物运输的个人或单位，重在强调“无车”。但是实际业务中，其实更强调“承运”的重要性。因为做到“无车”很容易，所有的平台类企业，甚至和物流业务不相关的企业都可以称自己是“无车”企业，但是其发生的承运服务是简单的运力信息匹配还是真正地负责全程承运、承担相关责任，区别很大。

笔者认为“无车承运人”的概念和认定标准应重在强调“承运”，要与“代理”区分开，与不负实际承运责任的运力信息配对区分开。承运是指“无车承运人”以承运人的身份签订合同，独立承担法律责任，赚取差价的一种行为。之前国内学者的研究认为“无车承运人”只要不从事具体的运输业务，规模化地“批发”运输，产生的运费差价即可。然而，实际业务中，“代理”通过赚取佣金等手段产生运费差价，却不对实际运输业务负责，这种代理不应称为“无车承运人”。

“无车承运人”的概念应为：不依赖于自有运输工具，以承运人身份签订运输合同，有独立承担法律责任和风险承担能力的经营者。从整个运输链条来看，无车承运人与货运代理、黄牛信息部、撮合交易平台都扮演着货运信息提供方、货运中间组织者和交易撮合的“中介”角色，但与货运代理、黄牛信息部、撮合交易平台不同的是，无车承运人要承担全程运输责任，对于托运人来说，它是承运人，对于承运人而言，它又是托运人，与承托双方均需签订运输合同。可以说无车承运人是货运代理、黄牛信息部、撮合交易平台的升级版，也是物流产业集约化、规模化、规范化、信息化发展到一定阶段的必然产物。

在国家积极推进“互联网＋”战略及共享经济不断发展的背景下，“无车承运人”作为依托互联网等先进信息技术，创新物流企业经营和服务模式，国家将加大力度对其鼓励支持。目前，无论是各类平台企业，还是传统货代、卡车智能设备提供商、运输管理系统（TMS）企业、第三方物流企业、物流园区、龙头物流企业，一夜之间都把自己包装成“无车承运人”。很多企业通过“换装”的模式，一味迎合热点，翻炒概念。在众多的所谓“无车承运人”中去伪存真，让该得到政策优惠的企业充分受益，引导行业健康稳定发展，是政府主管部门在制定政策时需要识别的。

三、无车承运人促进行业降本增效

无车承运是移动互联网技术与传统货运物流行业的融合创新，是“互联网＋”高效物流发展的集中体现，对于推动我国货运物流行业集约发展、创新发展、规范发展意义重大。

（1）整合社会零散资源，有利于行业规模集约发展。多年来我国道路运输行业一直处在“多、小、散、弱”状态，整体运行效率不高。无车承运人依托互联网平台集约整合车辆、货源、站场等社会物流资源，有效解决零散运力的资源协同、管理协同和组织协同，充实货运组织中间层和完善货运体系架构，优化货运市场发展格局。

（2）减少车货匹配时间，推动行业“降本增效”。无车承运人通过信息网络和移动互联技术，实现对货源的集中配置和运力的统一调配，可有效解决目前货运物流行业普遍存在的运力空驶、等货时间长等突出问题，提高运输组织化、规模化、网络化水平，提升车辆工作效率，降低运输成本。

（3）加强会员诚信管理，促进行业规范化发展。无车承运人通过统一平台运力资格审查、统一服务标准、建立信用档案、在线诚信考核等市场化手段，能够实现整个交易环节和运输过程的透明化管理，并对各参与方进行信用记录和综合评估，有效约束、规范众多中小企业和个体运输业户的经营行为，净化货运物流市场经营环境。

（4）推广信息技术应用，提高行业智慧化程度。传统货运物流行业信息程度低，大量货代、黄牛和小型物流企业依然采用电话、手工记录等落后方式作业。无车承运人的发展将进一步加快科技信息在货运物流行业的集成应用，助推行业从劳动密集型向管理密集型、知识密集型和技术密集型转变。

第二节　C. H. 罗宾逊（C. H. Robinson）——无车承运人的典范

罗宾逊物流公司（C. H. Robinson）是一个轻资产运输供应商，没有自己的运输设备，而是与世界各地的运输公司合作，并通过这些关系，选择和聘用合适的运输供应商，以满足客户的需求。作为已有百年历史的无车承运人，罗宾逊物流公司已经发展成为全球最大的第三方物流（3PL）供应商之一，并拥有北美最大的卡车运输网络。

一、企业的发展概况

1. 企业简介

罗宾逊物流公司（C. H. Robinson）是全球最大的第三方物流（3PL）供应商之一，以从事无车承运闻名世界，通过包括北美、欧洲、亚洲、南美、澳洲和中东地区在内的庞大的全球网络，为客户提供货物运输和物流业务外包解决方案、生产采购及信息服务。罗宾逊是一个轻资产运输供应商，没有自己的运输工具，通过与世界各地约53000个有车承运商合作,并根据业务的具体情况在其中选择和聘用合适的承运人开展业务,满足客户的需求。公司同时提供广泛的增值服务,例如供应链分析、货运整合、核心项目管理、信息报告等。此外公司还有一项传统服务:新鲜农产品服务,包括新鲜农产品的购买、销售和市场营销。通过网络向农产品的生产供应商购买,安排农产品的运输服务承运商运输,并出售给零售商、餐厅连锁店、批发商和餐饮业分销商。

公司成立于1905年,已有百余年历史,全球总部位于美国明尼苏达州,1997年在纳斯达克证券交易所上市(代码:CHRW)。目前罗宾逊物流公司全球的运营网络中共有230多个分支机构,员工约8350名,利用与世界各地超过53000个经评估、有良好信誉的有车承运商建立起长期合作关系,为超过37000个客户提供服务,已建立了北美最大的卡车运输网络。虽然2008年来的国际金融危机给公司带来较大影响,但公司业绩很快恢复增长,经营业绩逐年提高,近年来业绩逐渐趋稳。2016年,公司总营业额达到131亿美元,毛利润22亿美元,共处理货物约1400万件。图10-1为罗宾逊最近四年收益情况。

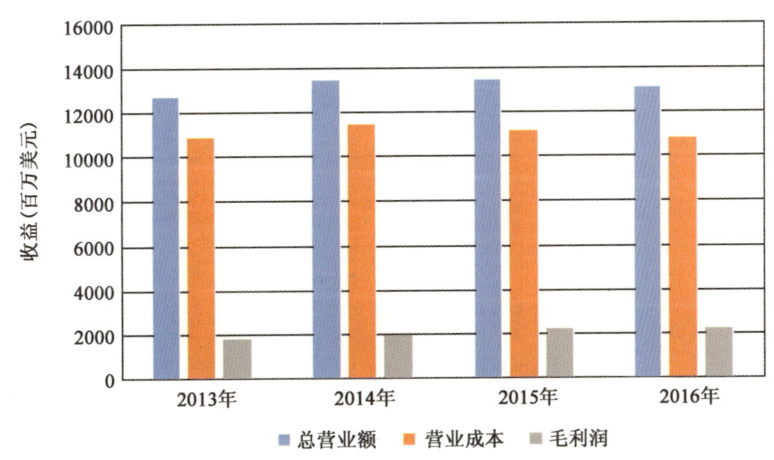

图10-1　罗宾逊最近四年收益情况

2. *发展历程*

在19世纪末,横贯美国大陆的铁路经过北达科他州,纽约人Charles Henry Robinson带着家人搬到了北达科他州的大福克斯(Grand Forks)。他看到了当地居民对蔬菜和水果等商品的需求,在1905年与纳什兄弟搭档注册成立了

C. H. Robinson农产品经纪公司,从事农产品业务,并定下了公司使用百余年的基调——勤劳、灵活、面向客户。1913 年罗宾逊被纳什兄弟的 Nash Finch 公司收购,从事专业的农产品采购,1919 年公司总部迁至明尼苏达州。

1941 年 Nash Finch 公司开始出售股票给员工,到 1976 年罗宾逊员工已经买光了 Nash Finch 公司全部的股票,使其成为一个 100% 员工拥有的公司。1983 年罗宾逊收购 T-Chek Systems 加油卡管理公司,并在随后的 20 多年里不断收购其他公司,扩充公司规模。1986 年将旗下的 ROBCO Transportation 公司出售,罗宾逊完全转型为轻资产第三方供应商。1989 年 C. H. Robinson International 成立,扩大了罗宾逊的业务范围,使其成为货运代理人、无船承运人(NVOCC)、海关经纪人。1997 年 C. H. Robinson Worldwide(CHRW)在纳斯达克证券交易所上市。表 10-2 为罗宾逊收购公司。

罗宾逊收购公司 表 10-2

年份	地区	公　　司	简　　介
1983	美国	T-Chek Systems	加油卡管理公司
1993	法国	Transeco	汽车运输公司,部分收购
1998	美国	Preferred Translocation Systems	轻资产,第三方,零担
1998	南美	Comexter Group	运输及货运代理公司
1999	法国	Norminter S. A.	轻资产第三方物流公司
1999	美国	Backhaulers	轻资产第三方供应商
2000	美国	Trans-Consolidated	第三方零担供应商
2003	德国	Frank M. Viet	国际货运代理和第三方物流公司
2004	中国	德诚	船务代理有限公司
2005	美国	Food Source,Food Source Procurement LLC 和 Epic Roots	提供农产品采购及分销服务
2005	德国	Hirdes Group Worldwide	国际航空和远洋货运代理公司
2005	意大利	Bussini Transport S. r. l	国际航空和远洋货运代理公司
2006	美国	Payne,Lynch&Associates	轻资产第三方物流公司
2006	印度	Triune Freight Private 和 Triune Logistics Private	第三方物流供应商

续上表

年份	地区	公　　司	简　　介
2007	美国	LXSI Services	国内航空加急服务第三方供应商
2008	加拿大	Transera International	项目代理公司
2009	英国	Walker Logistics Overseas	国际货运代理
2009	美国	International Trade&Commerce	海关经纪公司,部分收购
2009	美国	Rosemont Farms Corporation	农产品营销公司
2009	美国	Quality Logistics	轻资产农产品运输物流公司
2011	美国	Timco Worldwide	甜瓜类运输
2012	波兰	Apreo Logistics S. A.	货运公司
2012	美国	Phoenix International	国际货运代理

美国交通运输历史中一些典型事件如1939年引进第一辆无冰冷藏车,1945年州际高速公路系统开始建设,20世纪80年代的放松运输管制,都为公司的发展带来了新的思路、新的方法,以更好地服务于客户和供应商。公司抓住机会,贴近市场,迎接每一个挑战与创新,采用最先进的技术和最优秀的人才,为公司的成功发展奠定了基础。

二、企业发展策略

1. 传承百年的特色:轻资产

《商业周刊》在对世界行业50强公司的评选中这样形容罗宾逊物流公司:“也许你并不知道罗宾逊物流公司,但在公路上你每天都可以看到它的劳动成果。”罗宾逊本身并不拥有卡车,它凭借由5.3万个运输商组建起来的全国运输网高效地为客户安排装运工作,是货车之间的“运输协调员”。这是一种典型的“轻资产”经营模式,它以客户和利润为目标考虑竞争策略,最关心的是客户的价值观、产业链的高利润阶段和以杠杆原理利用他人资源从而实现价值最大化。罗宾逊把重资产业务外包或者转让给专业化公司做,自己则专门做高附加值的轻资产部分。

轻资产物流供应商

当一个第三方物流公司通过与其他公司订立契约来提供运输和物流服务,而不是通过自身拥有所需的设施设备来提供服务,这样的第三方物流公司被称作基于轻资产的物流供应商。

轻资产物流供应商的特殊优势是:服务集成,不受限制于使用特别的仓储或运输公司来为客户提供服务;能够与专业的运输公司、分配中心进行合同洽谈,努力为客户实现价格和服务的最优组合。

客户关注轻资产物流供应商是因为它比基于资产的供应商更灵活。轻资产物流供应商可以更公正地做决定,因为他们不受限于内部基础设施资产,不受限于用一些特别的运输公司或者设施设备来为客户服务,他们能够客观地选择最好的服务供应商并且能够为客户提供创新解决方案。以此为客户以更低的价格,定做适当的服务。

作为轻资产第三方物流企业,罗宾逊在接受客户业务后,要委托功能性物流公司来完成物流业务。这样在运作过程中,存在两层契约关系。第一层契约关系,即物流需求方(托运人)和轻资产物流企业(承运人),往往表现为一对一的关系;第二层契约关系,即轻资产物流企业(托运人)和多家功能性物流企业(承运人),是一对多的契约关系。在这个物流链中,罗宾逊处于物流运作的中心地位。轻资产第三方物流企业契约关系示意图如图 10-2 所示。

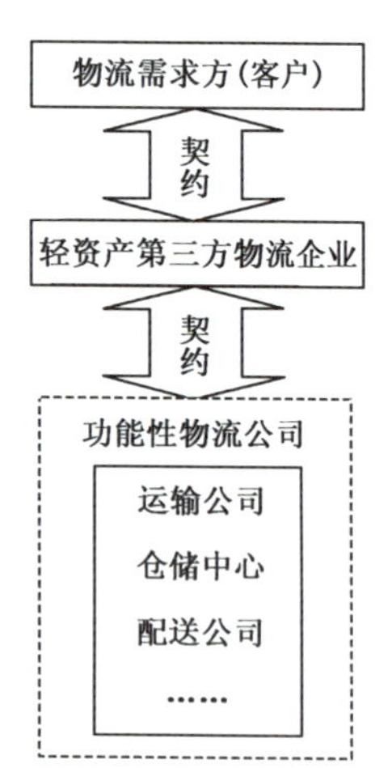

图 10-2 轻资产第三方物流企业契约关系示意图

罗宾逊与托运人是承托关系,与收货人是提单签发人与持有人的关系。即对于托运人而言,他是承运人;而对于实际承运人来讲,他又是托运人,以承运人的身份接受货物,并以托运人的身份向实际承运人委托承运,签发自己的提单,并对货物的安全负责。罗宾逊以承运人的身份向货主收取运费,之后委托实际承运人完成运输,并向其支付运费,赚取两者的运费差价。

经过多年发展,公司形成了独有的经营特色:

(1)客户资源:罗宾逊拥有 37000 家不同行业和规模的客户,其中包括全球 500 强中的大部分工商企业。

(2)运力组织:罗宾逊没有自己的运输工具,但与53000家经评估、有良好信誉的有车承运商建立起长期合作关系。罗宾逊挑选有车承运商的主要依据是服务质量和事故的偿债能力,同时也据此安排不同的运输业务。通过整合物流运作,在3.7万个货主客户和5.3万个承运商之间充当中介组织的角色。

(3)网络基础:因运输主要依靠签约承运商,故罗宾逊没有自己的运输基础设施。其在北美、欧洲、亚洲、南美、中东和澳大利亚建立了230多个业务网点,主要负责货源组织与客户服务。

(4)运作模式:典型的运输中介服务模式——客户将物流外包给罗宾逊,罗宾逊选择合适的有车承运商委托其运输。罗宾逊的价值体现在以不同的杠杆和工具撬动或整合各种运输资源,为客户提供物流解决方案或供应链优化方案,通过精细组织,灵活多变、低成本、高质量及高效率完成客户的需求。

2. 与承运商的合作

与罗宾逊合作的承运商包括汽车、铁路(联运服务主要供应商)、空运和海运承运人。在2011年,公司与有车承运商的合作中,约82%的整车货运量由少于100台车辆的供应商完成。

罗宾逊为承运商提供回程、专业、季节性、定期性以及合同货运等多种货运机会。在合同货运业务方面,承运商只要提供自身设备、偏好线路以及业务目标情况并提交文件,罗宾逊会给出符合要求的潜在业务合同,并迅速展开谈判。与公司合作的承运商可以由此获得稳定的收入和可预测的业务计划能力。罗宾逊还为承运商提供账户管理程序,为之开拓未来业务,并保证95%的按时间交货率(精确至小时)和98%的按日期交货率(精确至天)。

公司还开展了承运商多样性计划并建立了车队优化中心。按照公司对客户的要求,一些货运被指定给经过认证的少数民族企业或中小企业,如全国妇女企业委员会(WBENC)、全国少数民族供应商发展委员会(NMSDC)、中小企业管理局(SBA)或者个别州认证的企业。车队优化中心由罗宾逊和全国民营汽车委员会(NPTC)共同建立,为私人车队提供服务。车队优化中心可以帮助各种规模的私人车队,并充分利用他们的设备来增加利润。罗宾逊每日管理服务和协调超过36000件货物,如此巨大的货运量可让私人车队在几乎任何位置获得回程货物。具体措施主要包括以下几个方面:

(1)优先运输成吨的货物。平衡承运商的设备,在正确的时间正确的位置获得货运量,在任何位置都可获得回程货物。

(2)战略计划。帮助承运商制定并执行回程计划以补充货运量,推荐进一步优化车队和降低成本的方法。

(3)单一的联系人。在车队优化中心,和一个专门的客户代表一起工作以节省时间,他们会根据车队计划确定适当的出货量,还能确保向车队提供快速支付。

(4)日常业务的标准化流程。当每个员工都知道回程计划如何运行时,车队将体验到更流畅地运行。系统和与运营商的合作经验将保证承运商的发展。

(5)基准报告。根据承运商每月的会计数据、收入和目标等关键绩效指标,评价并修正战略计划。

与承运商的合作案例:波普卡车公司

波普卡车公司是一家侧重于为固定客户提供最高水平和可靠性服务的家族企业,拥有65辆卡车,业务范围涵盖美国和加拿大的东部地区,已有30多年的历史。

曾面临巨大挑战

像许多其他承运商一样,波普卡车不断寻求如何发展他们的业务以保持卡车运输的效率并盈利。他们面临的挑战包括:

货运可用性。波普卡车的许多服务是提供给偏远地区的,这可能会导致非常高的空驶率。主动地寻找每一辆卡车在一条线路两个方向上的货物从而为客户提供具有竞争力的运价,对公司来说有时是困难的。

驾驶员满意度。寻找和留住优秀的驾驶员是波普卡车最优先考虑的一个问题,因为固定的驾驶员往往对所运输的货物负有更多的责任,确保货物安全。所有驾驶员一样,他们希望避免工作延误,保持卡车运输效率,使他们能够在周末有时间回家。

可靠的付款。作为一个家族企业,波普卡车依赖于客户可靠和及时的付款。客户重视与企业的关系,因为这关系到他们彼此的利益。他们安排货运时,要有足够的信心以保证能够及时获得运费支付。

富有成效的合作带来节约和效率

波普卡车与罗宾逊在2002年开始合作。多年来,他们一直保持战略合作关系,罗宾逊已经是其重要客户。这两个团队已经发展到了一种高层次的相互信任的共赢关系,"我们不将罗宾逊当成中间商,我们把他们看作一个顾客",波普卡车公司的威廉·波普说道。通过深入和富有成效的合作,为波普卡车公司带来了显著效益:

(1)更多的货单机会。通过罗宾逊,波普卡车获得了进入全国性网络的机会,使他们的卡车获得去程和返程双向货运。波普卡车的许多客户要求送货的地区没有其他客户,无法获得回程货物,罗宾逊帮助波普完成这些地区的送货服务,消除了公司在该地区的负荷。波普也已扩大了服务,进入了不同的领域,能够为波普卡车以及罗宾逊的顾客提供更好的服务。

(2)提高调度效率。为了留住优秀驾驶员,波普卡车为提前做出货运计划做了大量努力,目的是保持卡车一直处于满负荷运行状态以确保驾驶员可以周末在家休息,提高驾驶员的满意度。

波普卡车的调度员几乎天天和罗宾逊一起工作,提前几天制定货运计划。在许多情况下,这涉及两个或三个不同供应链上的货物运输计划。这种方法也有效地减少了空驶里程。

当波普卡车的现有客户需要往目前还没有回程安排的区域交货时,波普卡车会与罗宾逊合作一起主动规划重新定位。借助越来越多的事先通知,罗宾逊可以更有选择性的对波普卡车的不同货运类型进行招标,并给波普卡车介绍新的更具战略性的货运机会。罗宾逊的快速响应,通常只需要短短的几分钟就可以发现一个地区是否可用。由此还避免了很多电话通话,节省了时间。

(3)业务需求的深层次解读。罗宾逊为波普卡车的专门账户管理提供了单一的联络人,并与公司的各级组织展开合作,包括从驾驶员、调度员到行政人员。该联络人十分了解波普卡车的业务目标,并致力于为公司创造更好的结果。

威廉·波普解释说:"这不只是有关在回程时是否能够得到更好的业务来源,罗宾逊知道我们应以什么样的速度走出这个区域。他们知道我们的希望和期望。所以,我们不要浪费时间去讨论我们所不能提供的货运。"

(4)信任,诚信及个人服务。波普卡车公司向罗宾逊提供卡车,罗宾逊为波普优先提供货运业务,这符合公司的总体战略,并可以使驾驶员回家过周末。两家公司彼此的问责制创建了他们互相忠诚互相信任的合作关系,以便于一起工作以了解如何改善经营,在未来共同成长共同发展。

未来的机会

波普卡车和罗宾逊之间形成的相互信任,将促使两家公司在发展彼此合作关系方面继续做出承诺。波普卡车最近投资具有电子数据交换(EDI)功能的信息化项目,从而实现与罗宾逊的信息共享。货运招标和发票自动化免除了手动输入,并可以更容易地共享皮卡、检查电话呼叫和传递信息。所有这一切都可以为波普卡车的调度员和行政人员节省时间。

3. 实现"无车"的核心竞争力

罗宾逊公司的"使命"是以技术、人员和流程来改善全球的运输和供应链,为客户和供应商提供卓越的价值服务。IT(信息技术)、People(人力资源)、Process(流程)这三项是罗宾逊的根基和生命源泉,是罗宾逊灵活运用和整合资源的手段,是罗宾逊的核心竞争力。

(1)IT(信息技术)

先进的信息技术是罗宾逊公司的显著优势。物流业特别是第三方物流业的技术门槛已经越来越高。作为轻资产基础的无车承运人,罗宾逊非常重视信息技术的开发与应用。1996 年首次推出基于 PC 的专有整车操作系统 COSMOS,1998 年启动客户网站,2000 年推出新的契约承运人网站,2001 年升级客户网站,在 2012 年引进了专有的全球技术平台 Navisphere。

为了维持信息技术优势,罗宾逊公司持续投入大量的资金用于技术研发,平均每年达到 5000 万美元规模。2011 年在 memory gate 的 IT 项目上投资近 1 亿美元。强大的技术投入为罗宾逊带来强大的市场竞争力,例如全球领先的乳品和饮料包装公司美国唯绿公司(Evergreen Packaging)与罗宾逊物流的 TMC(Transportation Management Center,运输管理中心)部门开展的战略合作,就是通过罗宾逊物流先进的 TMS services 为其管理北美洲的物流业务。

信息技术是让罗宾逊立于不败之地的利器。公司负责人认为,其拥有专利的运输系统能够把零散的运输供应商组合起来,统筹从点到面的运输信息,不仅整合了原本分散的运力,让员工更快做出决策,而且还让供应链过程更加透明化和信息化,就像向客户打开了一道大门,对物流供应链过程中的成本能耗、进度决策等都了如指掌。客户可以通过多个渠道透视公司价值所在。资产的多少并不是决定罗宾逊能力多大的重要因素,关键是能为客户提供什么,有价值的系统解决方案才是富有远见的决策,这也是物流信息化发展的大势所趋。

(2)People(人力资源)

罗宾逊公司取得成功的另一个制胜法宝就是人才,公司非常重视挖掘员工的价值,这是罗宾逊比同行更具满意度、竞争力、可靠性的源泉。公司鼓励每个员工自己做出合理的决定,在罗宾逊上市之前,所有的员工都可以拥有股票,上市后大部分股票还是被员工持有。

作为服务型公司,罗宾逊的持续成功依赖于能否继续雇用和留住人才,并使员工人数和开支与业务相符。公司目前拥有约 8300 名员工。分公司的员工在他们的销售、客户服务和运营中作为一个团队,所得奖金的一个重要部分是以绩效为导向,根据个人表现及分公司的盈利能力进行奖励。员工在工作中以服务为导向,突出重点,具有创造性。在 2003 年,罗宾逊实施了更符合员工与股东的利益的新的股份限制计划,以长期激励和留住人才。股份限制奖励基于公司五年内的业绩表现,自 2003 年以来每年颁发一次。

(3)Process(流程)

为了与客户成功整合,罗宾逊提出了一个立足于解决现实业务制约因素的战略。许多供应商和顾问公司都认为世界处于理想的模式。罗宾逊认为存在许多变数,包括多样性的承运人、托运人、实际接收功能,以及他们所面临的制约因素等。高素质的物流专业人才会对客户进行实际调查,以便利用工作经验和领导思想,为客户开发结合实际的解决方案。公司已经得出了以客户为中心的经验成果和可执行计划,会在客户同意时立即实施。

流程整合的第二个关键,是使用成熟的可重复的方法,寻找具有专业知识的供应商在一定时间和预算范围内实施该计划。罗宾逊以协商的方式设计和实施项目计划——“流程变革与整合计划(PTI)”,该计划在不同供应商之间差别很大,融合了协商方式、现实计划和行之有效的方法,可以为客户提供更多的优势。全面设计和实施该项计划,旨在使客户能够充分利用最佳实践,实现流程持续改进。罗宾逊使用此 PTI 方法,申请变更管理技术,以达到供应链效率的提高和成本的持续性节约。

4. 未来增长计划

1997 年上市时,公司制定了长期年均复合增长目标要达到 15%。虽然目标是在之前二十年的表现基础上分析得出的,但截至2016年底,公司已基本达到了这个目标。罗宾逊未来的期望依然是继续实现15%的年均长期增长,但这期间肯定会有超过这一目标和未达到这一目标的时期。公司未来的长期增长将主要通过内部业务增长来实现,而符合公司的发展条件和文化的收购行为也会被考虑在内。

公司预测,未来推动长期增长的主要业务是第三方运输,包括增加外包业务,采用核心承运人方案,增加对技术的依赖,以及供应链全球化等。为了充分把握这些机遇,满足公司的长期增长目标,罗宾逊将继续扩大与新的以及现有客户合作的市场份额,新增与公司商业模式一致的服务,不断扩大全球网络。

尽管罗宾逊是北美最大的卡车运输供应商之一,但其整车业务大约只占北美卡车市场的2%~3%,还拥有继续增长的巨大空间。另外,公司将继续开发创新型的运输和物流解决方案,并为客户提供更多的综合服务;继续开发新客户,扩大市场份额;继续发展其他大陆的分支机构网络,特别是在欧洲的网络。目前罗宾逊在欧洲只有13个办事处,却提供欧洲范围内的运输服务,以及国际海运和空运代理服务,因此欧洲贸易和运输市场发展潜力巨大。

罗宾逊的全球货运业务主要是航空和远洋运输以及海关经纪服务。国际贸易量的增长将推动国际货运量的增长。越来越多的托运人寻求可以管理整个运输流程的供应商,而不是仅仅负责国际或国内部分。罗宾逊的商业模式、以服务为导向的企业文化以及现有的运输网络,都使得自身在国际货运代理中具有竞争优势。

三、经验借鉴

1. 无车承运模式可以有效提升全社会物流组织和管理效率

无车承运是现代物流运作模式的创新,其优势在于利用信息技术搭建物流信息服务平台,将分散的物流资源有效集中,通过大数据、云计算、移动互联网等现代信息技术对运输网络进行优化,实现物流资源的高效配置,进而提高物流运作效率,降低单位运输成本。在美国,大约有1万家在册的规模不同的无车承运服务商,全美约11%的卡车集运市场由此类无车承运人完成。据统计,委托罗宾逊组织物流和运输的客户,可降低5%~20%的运输成本。

2. 企业核心竞争力在于软实力建设

罗宾逊的运营模式可以概括为充分利用人力资源优势、供应链管理优势和客户服务能力优势，依托信息平台和技术手段，为客户提供全链条、一站式、综合性解决方案，优化服务流程，整合社会资源，使物流服务植入到客户供应链体系中，在提供物流服务过程中实现客户价值的重塑和竞争能力的提升。无车承运模式使得企业关注的重点在于管理、标准、服务等方面，而不在于重资产的投入和运维。

3. 法律法规是无车承运业务健康发展的基本遵循

美国等发达国家对无车承运业务管理具有较为完善的法律法规体系，明确了无车承运业务必须在法律法规框架下有序发展，在市场准入、运输安全、卫生防疫、运输过程管理、资质要求等方面具有明确规定，无论是无车承运人还是有车承运人，都必须遵守相关法规规定，以保障运输公共安全，切实维护托运人、实际承运人以及社会公众的切实利益。

4. 风险防控和赔付能力建设是无车承运人健康发展的根本保障

风险防控能力是无车承运人核心竞争能力之一，责任赔付能力是企业市场准入的根本要求。为切实保障托运人、实际承运人和卡车驾驶员等各方利益，联邦法律要求无车承运人必须提供一定数额的保障金或其他保障措施，作为企业体现承担运输责任的物质条件。美国世能达物流有限公司（Schneider Corporation）对于加盟企业制定了严格管理措施，必须通过世能达公司的承运商考评系统：所有承运商必须保持最低100万美元的车辆保险和最低10万美元的货物保险，承运商的保险服务商必须具备b+以上的信用评价；对承运商资质文件审查；企业安全记分达到美国运输部安全标准；对承运商的安全和资质信誉进行监督；执行统一的服务标准和价格体系，避免或缓解企业之间打价格战、恶性竞争等问题。

5. 充分发挥行业协会在市场规范和行业自律中的作用

在美国，企业运营规范更多依靠经营主体自身和行业协会来进行自我管理、自我净化、自我约束。行业协会在中介组织市场监管中发挥了重要作用，通过制定运营规范、标准、开展培训等方式，有效规范和引导中介服务的相关行为。我国货运中介主体数量多、规模小、经营分散，政府监管能力不足，缺乏必要的监管手段，必然会形成监管盲区。通过行业协会进一步加强与各个经营主体的紧密联系，及时协调解决行业共性问题，完善服务标准规则，倡导诚信经营，进而实现行业有序、规范、自律、健康发展。

四、“轻资产”模式的反思

“无车承运人”看似轻资产运营，但因其要以承运人身份介入运输过程，参与交易结算，故应收账款压力相对较大，这也是其区别于一般车货匹配平台和一些设备提供商的明显特征。

罗宾逊 2015 年的营业收入达到了 135 亿美元，约合 900 亿元人民币；市值 99 亿美元，约合 660 亿元人民币。罗宾逊物流 2015 年的年报显示其资产总额为 32 亿美元，其中流动资产为 21 亿美元，物业、厂房及设备总和仅为 3 亿美元，分别约占总资产的 65% 和 10%。从流动资产的构成看，应收账款为 16 亿美元，约占流动资产的 75%，约占总资产的 50%。而同期联合包裹（UPS）流动资产占总资产为 33%，物业、厂房及设备总和占到总资产的 52%，应收账款占流动资产的 56%，总资产的 18%。

以此对标，罗宾逊物流固定资产类物业、厂房及设备投入相对较少，而联合包裹超过一半的资产皆为固定资产，从固定资产的角度，罗宾逊物流的确是“轻资产”。反观，流动资产构成，罗宾逊物流应收账款占比接近总资产一半，而联合包裹不到五分之一。从流动资产的角度，罗宾逊物流因其“无车承运人”模式，在承运过程中要垫付物流相关费用，故在应收账款上压力较大，一点都不“轻”。

再举另一家无车承运人回声物流（Echo Global Logistics），它虽规模没有罗宾逊物流那么大，但是麻雀虽小五脏俱全，它的业务除了多式联运、公路运输、包裹运输外，还涉及国际运输，上市不到 7 年的时间发展迅速。它的资产负债表显示其物业、厂房及设备为 0，从固定资产角度是“超轻资产”。另一方面，其应收账款占流动资产的 82%，也充分反映无车承运人在应收账款这类流动资产上的“重压力”。

应收账款是把双刃剑，一方面保障了实际承运人的结账需要，使无车承运人的作用得以充分发挥，让物流变得更加简单、有效。但从另一方面将财务压力转移给无车承运人，甚至会间接转移给其上游的金融企业。我国某无车承运人企业一天成交 300 单，平均每单要垫进去 1 万元，一个月就将近 1 亿元，一年就是 10 亿元（中间会循环授信）。因为应收账款的压力，虽然通过公司平台的成交单量不断上涨，但作为企业的管理者没时间沉浸于业务的迅速增长，而是疲于找各种金融机构增加授信来缓解财务压力。现在很多所谓的“无车承运人”企业宣称自己每天成交上千单,但真正扮演起承运人角色,参与交易结款,真正拿到银行如此大规模授信,保障实际承运人和托运人利益的少之又少。因此无车承运企业的风险防控能力、责任赔偿能力是影响企业能否健康、稳定、可持续发展的关键因素。图10-3为罗宾逊物流2015年资产情况分析。图10-4为联合包裹资产情况分析。

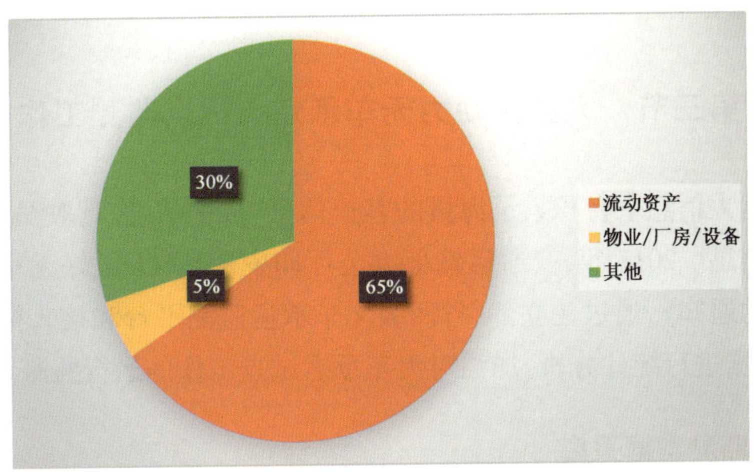

图10-3　罗宾逊物流2015年资产情况分析

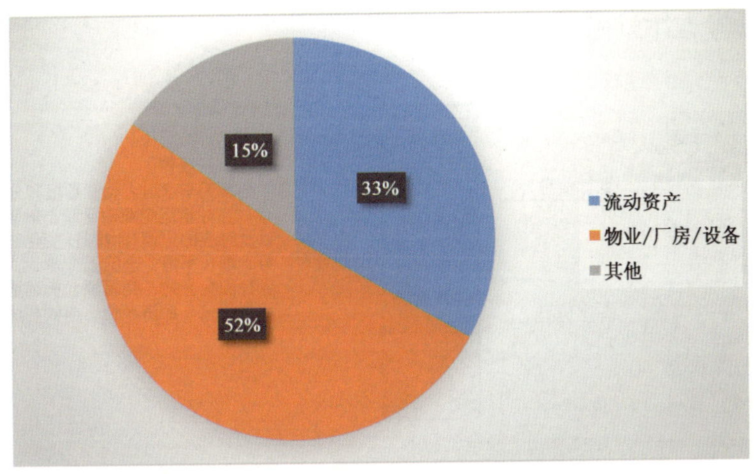

图10-4　联合包裹资产情况分析

三家物流公司的资产负债对比见表10-3。

三家物流公司的资产负债对比(单位:百万美元)　表 10-3

类　别	罗宾逊物流(C. H. Robinson)	联合包裹(UPS)	回声物流(Echo Global Logistics)
总资产	3214.34	35471	765.85
应收账款	1571.59	6661	226.42
流动资产	2105.46	11808	277.2
物业、厂房及设备总计	152.47	18281	0

数据来源:三家公司公开年度财务报表

第三节　大数据助力无车承运人试点监测工作

无车承运人信息平台积累了海量的客户信息、货主信息、驾驶员信息、车辆信息以及交易信息。2017 年,交通运输部办公厅印发了《关于做好无车承运试点运行监测工作的通知》,通过建立部、省两级无车承运监测平台和接入标准化企业数据,对运行数据进行统计分析,加强对无车承运试点工作的运行监测。

一、运行监测数据采集

运行监测系统以各无车承运人平台提供的运行数据为基础,按照监测指标和模型开展统计分析,并定期发布全国无车承运人运行监测报告。图 10-5 为无车承运试点运行监测工作分解图。

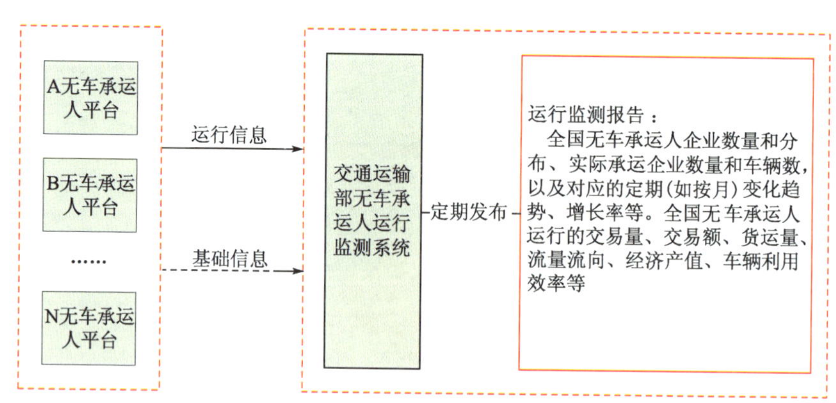

图 10-5　无车承运试点运行监测工作分解图

各无车承运人平台需提供的运行数据主要包括基础信息和运行信息两方面。

1. 基础信息

基础信息主要是各试点企业名称、营业执照、注册资金、经营范围等。基础信息的提供由各无车承运人企业在平台注册阶段填报。

2. 运行信息

运行信息主要是各无车承运人平台在物流活动过程中产生的物流业务数据，分为必填字段和选填字段。

必填字段(16 项)：原始单号(上游企业委托运输单号)、托运单号(电子路单号)、承运人(无车承运试点企业名称)、托运日期时间、业务类型代码(干线普货、城市配送、农村配送、集装箱运输或其他)、发运实际日期时间(货物装车后的发车时间)、收货日期时间(货物签收时间)、国家行政区划代码(装货地)、货币总金额(托运人付给无车承运人企业的运输费用)、牌照类型代码(大型、小型或其他)、车辆分类代码、车辆载质量、道路运输证号、货物名称、货物类型分类代码(电子产品、商品汽车、冷藏货物、大宗货物、快消品、农产品或其他)、货物项毛重。

选填字段：试点企业统一社会信用代码、企业道路运输经营许可证(无车承运)编号、发货人、个人证件号、装货地点、收货人、收货地点、挂车牌照号、车辆所有人名称、车辆所属业户道路运输经营许可证编号、驾驶员姓名、驾驶员从业资格证号、电话号码、货物体积、货物总件数和自由文本。

运行信息的提供由各无车承运人平台按照《交通运输物流信息交换　第 2 部分：道路运输电子单证》(JT/T 919.2—2014)相关运单标准改造，通过国家物流信息平台基础交换网络实时上报给运行监测系统。相比于企业事后人工以报表上报的方式，通过在物流活动过程中的各业务节点作业后由无车承运人平台实时将运单上报的方式的优势表现在以下几个方面：

(1)数据准确性更高。由于运单来源业务流程，直接在企业物流活动中产生，只要物流业务不出错，上报的数据即准确；同时相比于手工汇总统计、上报时可能的出错率，系统上报的出错率非常低。

(2)数据造假难度更大。相比于企业填报报表时容易造假，由于每笔运单代表一笔业务，因此运单数据量大，每笔运单都要造假的难度相比于一张报表的造假难度要大。

(3)数据应用更加灵活。由于有了原始业务数据，管理部门可以随时根据监测或管理的新需要调整统计算法生成新的报表或进行新的模式分析，而不需要再麻烦企业报送新的数据。

(4)企业工作量更少。人工上报报表的方式,需要企业投入人员定期在运行监测系统录入大量的数据;而无车承运人平台通过接口实时上报只需要前期的一次性标准接口改造投入,且技术改造工作量小,一劳永逸地解决报表上报工作,而无须投入后续额外的人工工作量。

二、监测系统主要功能

运行监测系统主要包括无车承运人总体概况、统计报表、企业信息查看、运行信息查看、系统管理和企业后台等功能。运行监测系统的用户为交通运输部、无车承运人企业及相关省(市、区)交通运输部门。无车承运人试点工作运行监测系统如图10-6所示。

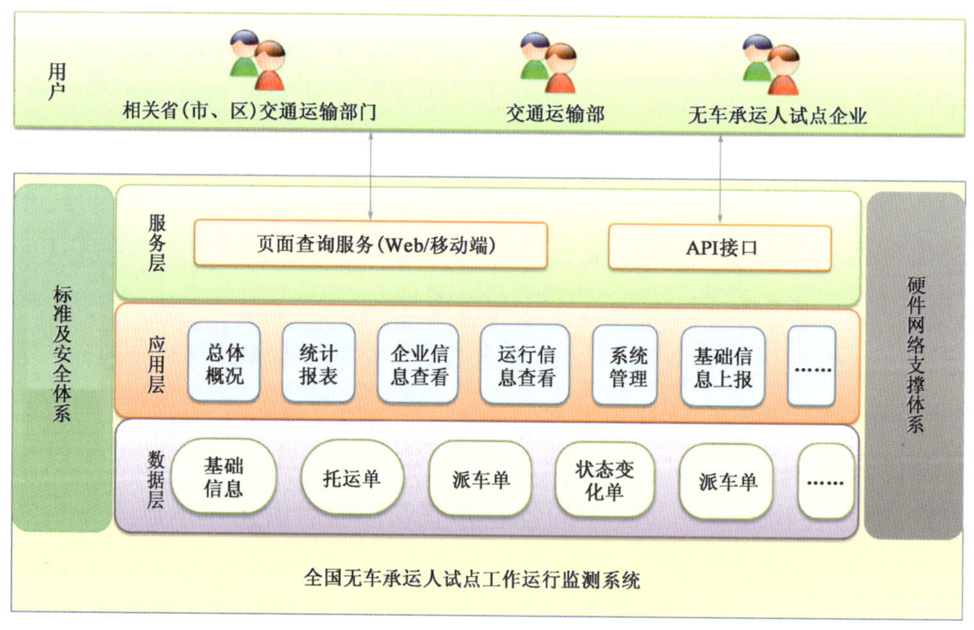

图10-6 无车承运人试点运行监测系统总体框架

1.交通运输部监测

交通运输部作为全国无车承运人试点工作的统筹指导方,需对全国无车承运人试点工作的整体运行情况进行监测,是运行监测系统的主要服务对象,运行监测系统服务于此的功能包括:

(1)总体概况

该功能主要展示全国无车承运人运行的总体情况,包括全国无车承运人企业的数量、分布、实际承运人数量、总交易量、总交易额、总货运量、货运流向及各时间段的变化趋势等总体指标。

(2)统计报表

该功能是根据运行监测目标,基于企业上报的运行数据进行统计分析,并形成分析报表,主要包括运力运行分析(图 10-7)、货物运输分析(图 10-8)、电子运单分析(图 10-9)、异常统计、上报数据统计等功能。

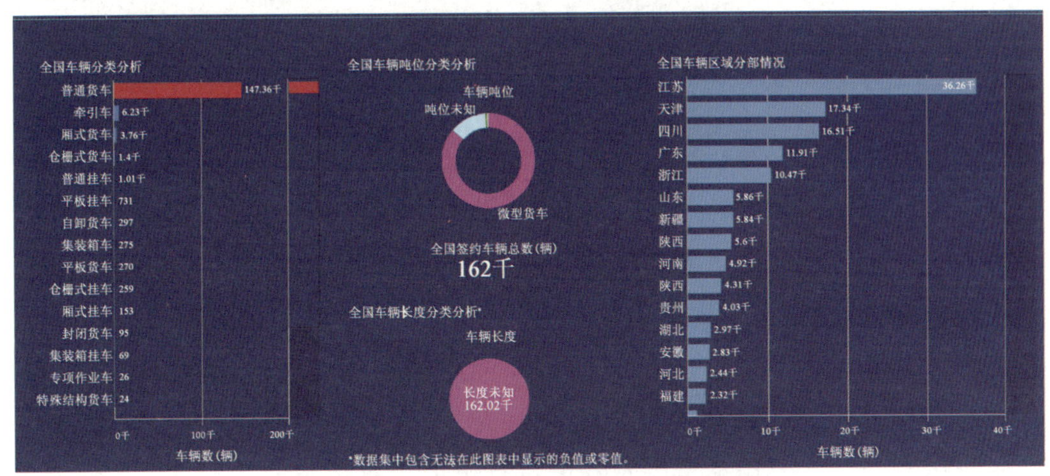

图 10-7　运行监测系统运力运行分析界面

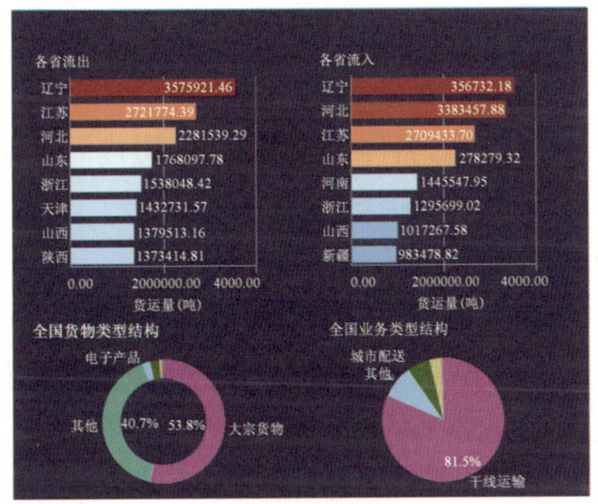

图 10-8　运行监测系统货物运输分析界面

运力运行分析主要包括全国及各试点省份实际承运车辆的车型分类、车辆注册地分布区域、车辆吨位、车辆长度等信息。

电子运单分析主要包括全国及各试点省份运单上传月度变化情况、各省运单量统计、运单异常状况和类型占比等信息。

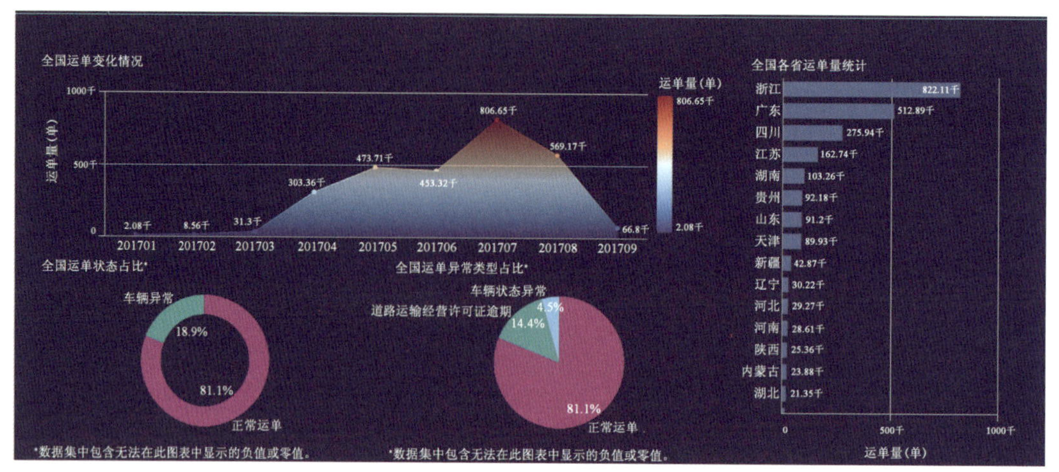

图 10-9 运行监测系统电子运单分析界面

异常统计主要是对试点企业上传运单的异常情况进行分类统计，以促进企业规范上报数据，利于省市加强运输管理。

上报数据统计主要是对试点企业上传的运单数、整合的车辆数、完成运量以及运费等信息进行统计分析。

货物运输分析主要包括全国及各试点省份无车承运货物流量流向、各省流入流出统计、完成货运量月度变化情况。

(3)基础信息查看

基础信息管理主要是试点企业、试点省份和车辆的基础信息列表，可查看试点省份的联系方式，试点企业的名称、统一社会信用代码、所属辖区、法人代表、联系人电话以及车辆的车牌号、核定载重、道路运输证号、车辆状态等具体信息。

(4)运行信息查看

该功能可以查看企业上报的运行信息，主要是对每笔业务运单信息的整合展现。通过企业名称(或物流交换代码)和运单号可以查询每笔业务的详细信息。

(5)系统管理

该功能是对用户的管理维护，支持用户的新增、修改、查询、账号激活、禁止、重置密码等。用户创建后，需要授权后才能对后台管理系统进行访问操作。

2. 各省(自治区、市)交通运输部门

各省(自治区、市)交通运输部门负责辖区内无车承运人试点工作的具体组织实施，需要开展对无车承运人运行情况的监管。国家无车承运运行监测系统为相关省(自治区、市)交通运输部门建设临时服务功能，满足其基本监测需求。

其监测功能与交通运输部的功能中的总体概况、统计报表、基础信息查看、运行信息查看等功能基本一致，只是用户范围局限于省（自治区、市）辖区内注册企业。

3. 无车承运人试点企业

无车承运人试点企业作为运行监测的对象，需要在运行监测系统中上报相关信息并查看上报情况，运行监测系统服务于此的功能包括：

（1）基础信息维护：无车承运人企业可以通过该功能对自身的基础信息进行维护、更新和查看。

（2）运行信息查看：无车承运人企业可以通过该功能查看其通过接口上报的运行信息，明确上报情况是否符合要求。

三、运行监测分析

截至2017年6月底，全国共281家试点企业完成了与部级试点运行监测平台的对接，并结合业务实际，累计上传了无车承运经营相关数据750多万条。无车承运试点监测工作推进有序，社会物流通过无车承运模式实现了集约化，经营行为趋向规范化，节能减排、降本增效效果显著，物流信息化程度大幅提升。

1. 无车承运业务渐行渐好，平台型企业优势明显

1～6月，试点企业累计完成运单总数为118.9万单。其中，4月份完成27.4万单，5月份、6月份分别增长至41.9万单和40.6万单，三个月累计占运单总数的92.4%。运单量位居前十位的企业中大多数为平台型企业，如杭州菜鸟、杭州传化易货嘀、风神物流、卡行天下等企业运单完成量总体表现较好，前10名试点企业完成运单量占全国总量的62.4%。

2. 运力整合颇具规模，车型结构类型多样

1～6月，试点企业累计整合社会零散货运车辆约8.6万辆，运力规模达到246.9万t，分别占全国营运载货汽车拥有量和运力规模的0.62%、2.38%。从车型结构来看，整合车辆类型约10种，包括普通货车、牵引车、普通挂车、厢式货车、仓栅式货车（含挂车）、平板货车（含挂车）等。其中，普通货车数量最大，超过4万辆，占总量规模的比例达到48.3%。从车辆注册地来看，河北、河南、山东、山西、江苏、安徽、四川和陕西等省份数量较大，累计车辆数占试点企业整合总运力的71.2%。图10-10为试点企业整合车辆类型及数量。

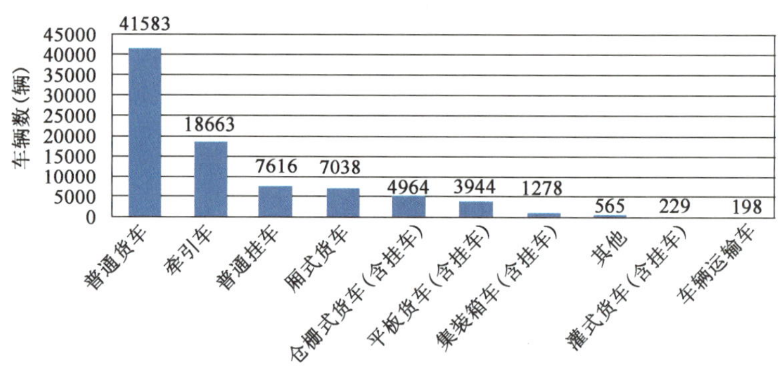

图 10-10 试点企业整合车辆类型及数量

3. 企业合作运力规模平均达千辆以上,市场交易活跃度总体较高

1~6 月,排名前十位的企业有效整合车辆数均超过 1700 辆以上,其中,天津运友、中储智运、丹阳飓风和拉货宝等企业整合车辆数均在 5000 辆以上。随着试点工作的逐步深入,试点企业与社会运力逐步建立起稳定的合作关系。据初步统计,整合的社会车辆中,与试点企业交易 1~5 次的车辆占比达到 77.1%,5 次以上的占比 22.9%,其中稳定合作 20 次以上的占比达到了 6.4%。

4. 有效减少车辆等货时间,车辆里程利用率不断提高

依托互联网和移动通信等现代信息技术,原有货运交易信息不对称现象有效缓解,车货匹配效率大大提高。如浙江传化平台货车配货时间由以往的 72 小时缩短为平均 8 小时,红狮物流车辆装车平均等待时间由 13.6 小时下降至 10.2 小时,车辆配货时间普遍进入“小时时代”。辽宁营口港通公司通过无车承运平台,车辆利用率从 38% 提升到 60%。

5. 先进运输组织方式有效推广,集装化、标准化渐成趋势

试点企业积极开展甩挂运输、多式联运等先进运输组织方式,不断提高物流作业的标准化、集装化水平。例如上海天地汇、湖北真好运等企业在货源量稳定、充足的线路上积极推广甩挂模式,实现干线全甩挂运输,单车行驶月公里数明显提高,总体降低运输成本 20% 左右。江苏物润船联网络公司、湖北我家物流服务有限公司等企业充分发挥铁路、水运等经济技术特点和集成组合优势,积极拓展铁水、公铁水等多式联运市场,提高企业竞争力。北京数据在线等企业在快消品干线运输和终端配送中采用了全流程带标准托盘运输作业等方式,装卸效率提升 20% 以上。

6. 有效降低企业成本，不断改善客户体验

宁波聚合集卡通过无车承运平台实现运力资源的合理调度，降低客户物流成本20%左右。辽宁营口港通公司通过精细化管理，实现单车每公里运行成本从原来的0.8元降低到0.64元，降幅达20%。上海天地汇要求实际承运商实现“五定六保障”，不断提高卡航车辆到发准点率，降低货损货差。杭州传化易货嘀针对小微企业客户，推出“31131标准化整车服务”和“零担嘀士拼车服务”，努力提高物流服务的实效性、便利性和经济性。

7. 网络覆盖不断加密，服务链条逐步延伸

如杭州菜鸟供应链积极落实物流行业“向西，向下”的要求，建立了覆盖全国28个省份，600多个县域，30000多个村点的农村末端物流网络体系，形成了“农产品进城、工业品下乡”的双向流通、快捷高效的城乡物流配送体系。宜昌三峡物流园通过“互联网+物流商贸”商业模式，对接全国大电商、大平台，建立统一分拨中心，组织物流班车对开，实施仓储配送一体，大大提高了仓、运、配一体化水平。合肥维天运通积极开拓后车市场，建立“卡友地带”移动社区，为广大卡车驾驶员提供车货匹配、保险、金融、信用、维修、救援等综合性、一站式服务。

8. 严格合作伙伴标准，完善诚信考核体系

上海卡行天下等企业对开展合作的实际承运人设置了较高的准入门槛，包括企业注册资金规模、实际承运能力、保险赔付能力等都有具体的规定和要求，择优择强作为合作伙伴，提高企业整体诚信运行保障。广州林安、深圳市新运力等企业充分利用大数据资源，加强对实际承运人经营资质、运输许可、从业资格等真实性核实，并对实际承运人基本情况、经营情况、服务质量、财务能力、社会信用等进行多维度综合评估，建立企业诚信档案，进一步规范参与各方经营行为。

9. 加强风险全过程管理，提升运输风险管控能力

一是提高全程可视化监管水平，如中储智运平台为防控运输过程中可能出现的风险，保障会员的利益，建立了多方面会员约束机制和货物运输保险机制，并通过“智运罗盘”实现业务流程的可视化管理，通过“智运千里眼”系统实现运输过程的可视化管理。二是完善保险赔付机制，如传化公路港在无车承运人保险赔付方面，开发了“放心付”和“易货保”两款软件。若上下游客户发生了赔偿问题，

“放心付”可提前垫付赔偿费用，再进行后期的理赔工作。传化公路港专门成立了传化保险经纪公司，并通过“易货保”产品为物流运输的每个环节提供保险服务。该产品与中国人保、众安保险、平安保险等公司合作，具有较强的赔付能力和较高的时效性。

第十一章　智能决策体系的探索应用案例——智慧物流大数据发展指数

第一节　智慧物流大数据发展评价指标体系

物流数据化的兴起始于全球第二次信息化革命。目前,国内在智慧物流领域的研究已经开始,但在大数据发展评价指标体系和发展指数方面尚处于空白。

为了衡量智慧物流大数据的发展现状,根据数据可获得、可更新原则,从数据化程度、数据存储与计算能力、数据协同应用水平三个方面,建立了智慧物流大数据评价指标体系(表 11-1)。

智慧物流大数据评价指标体系　　表 11-1

综合指数	一级指标	二级指标
智慧物流大数据发展指数	数据化发展指数	国内物流详情数据完备率
		跨境物流详情数据完备率
	智能协同发展指数	电子面单普及率
		智能路由分单率
		末端协同率
	数据基础设施指数	物流云利用率

上表中各指标在具体计算中,选取从 0 到 100 的数值进行评价,越接近 100,代表程度越高。其中,0 ~ 30 处于初级发展阶段,30 ~ 70 属于快速发展阶段,70 ~ 90 属于相对成熟阶段,90 以上属于完全成熟阶段。

划分方法:结合了经济学 S 曲线和世界银行发布的物流绩效指数(LPI)5 分制

的划分方法。

计算方法:智慧物流大数据指数是一级指标按照不同权重进行汇总加和的结果,一级指标是二级指标按照不同权重进行汇总加和的结果,权重是根据专家调查法得出。

1. 数据化发展指数

数据化发展指数主要是指物流数据在整个物流发生环节中掌握的程度,具体可用境内物流详情数据完备率、境外物流详情数据完备率来反映。

境内物流详情数据完备率主要指快递企业在揽收点、配送点、中转点等静态网点的数据回传完整度,通过具有物流详情数据的订单与既有订单的比率来体现。该指标综合反映了行业智能手持终端的普及率、信息系统建设能力以及数据对接协同能力。

跨境物流详情数据完备率主要指基于跨境电子商务的物流在干线、仓储、清关、揽收、配送、签收等作业环节上的数据完整程度,只有当以上条件全部具备时,才认定为跨境物流数据是完整的,最终通过具有物流详情数据的订单与既有订单的比率来体现。该指标综合反映了跨境物流的数据化程度。由于跨境物流往往是由多个主体协作完成,加之目前仍处于发展初期阶段,数据化挑战更高。

根据菜鸟网络平台数据统计,2016 年全年境内物流详情数据完备率指数为 84.8,意味着物流静态数据化程度已经达到较高水平。此外,与 2015 年 1 月对比,2016 年 12 月行业数据化程度上升了 27%,说明境内物流数据化程度在过去两年内迅速提高(图 11-1)。

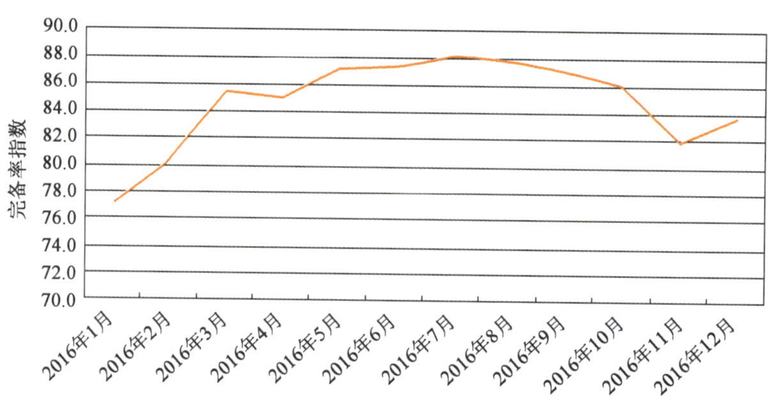

图 11-1 境内物流数据详情完备率指数变化情况

2016 年,跨境物流详情数据完备率指数仅为 13.5,大幅低于境内物流详情数据完备率,原因是跨境涉及多方协同合作,数据获取难度较大。全年分月度看,该指标呈波浪形上升态势,表明跨境物流数据化程度也在逐步改善(图 11-2)。

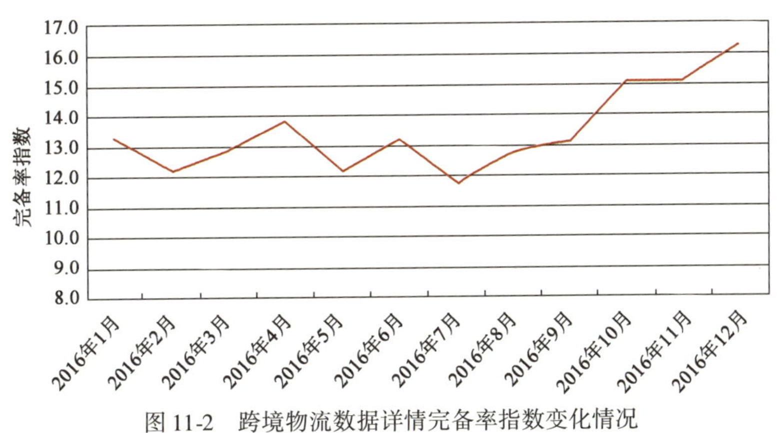

图 11-2　跨境物流数据详情完备率指数变化情况

2. 智能协同发展指数

智能协同发展指数,反映了平台、商家、物流各行业之间的产业联动程度,具体包括智能路由分单率、电子面单普及率和末端协同率。智能路由分单是指物流平台型企业联通商业数据与物流数据,优化算法确定物流最优路径的方式。智能路由分单率是通过智能路由分单的包裹业务量与包裹总量的比率。2016 年,智能路由分单率指数为 74.2,12 月为 88.4,反映出物流各环节协同程度提高较快,已达到相对成熟阶段(图 11-3)。

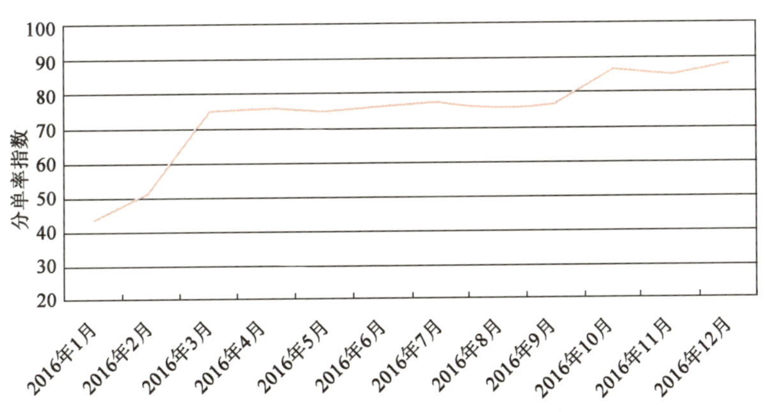

图 11-3　智能路由分单率指数变化情况

电子面单反映了物流企业在数据采集、录入、传输等基础领域的数据化程度。电子面单普及率即应用电子面单的包裹数量与全部包裹数量的比率。由于电子面单目前主要应用于快递企业,故以快递行业作为数据来源。2016 年 1 月,电子面单普及率指数为63,12月份增长至82,说明电子面单的发展速度非常快,目前已经达到相当高的普及程度(图11-4)。

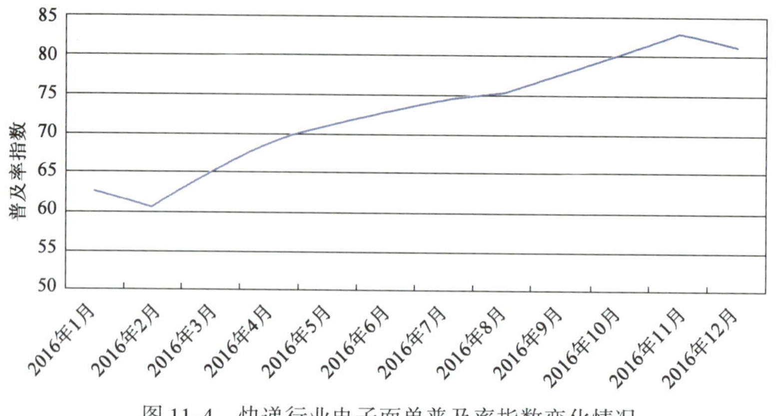

图11-4 快递行业电子面单普及率指数变化情况

末端协同率是利用城市末端网点的物流配送规模与总规模的比率。这部分货物经过了消费者、平台、快递物流网点、城市末端合作点之间的多重数据交互,可以反映末端"最后一公里"物流配送的协同程度。该指标2016年12月指数为9.4,比年初增长了近9倍,说明末端发展已经进入高速增长期(图11-5)。

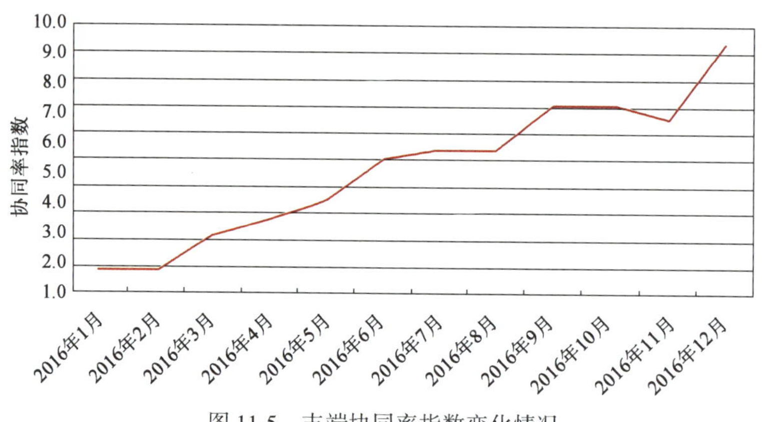

图11-5 末端协同率指数变化情况

3.数据基础设施指数

数据基础设施指数可以通过企业物流云的普及率来反映。物流云是近年来智慧物流的发展重点之一。通过接入物流云,无论是大型还是小微物流企业都无须自行单独开发系统,也无须自行采购数据存储设备,可以大大降低了信息化建设成本,同时解决数据化程度不高的问题。物流云利用率,主要指电商平台上,利用物流云计算进行链路优化处理的物流订单与总订单的比率。

根据抽取一定数量的企业样本统计,2016年1月快递业物流云普及率的数值为 5,12 月增长至 25.4,反映出云计算在快递领域的应用程度尽管处于起步阶段,但是发展速度相对较快(图 11-6)。

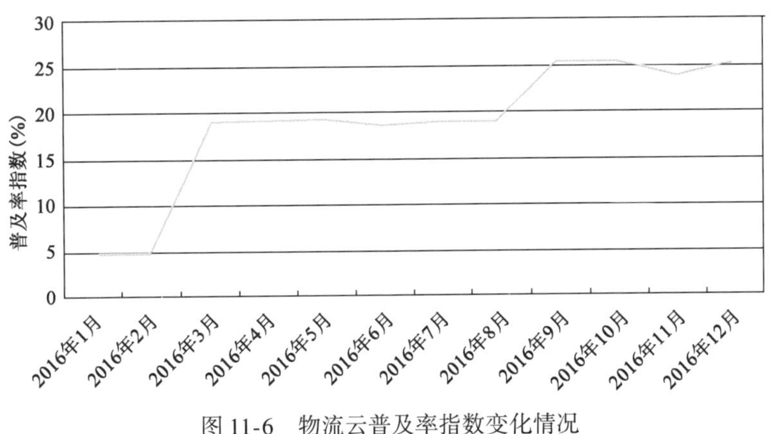

图 11-6　物流云普及率指数变化情况

第二节　2016 年智慧物流大数据发展指数分析

依据发展评价指标体系,计算出智慧物流大数据发展指数,用于衡量我国物流大数据的实际发展程度与发展趋势。该指标在具体计算当中,选取从 0 到 100 的数值进行评价,越接近 100,代表发展水平越高。

综合计算,2016 年,我国智慧物流大数据发展指数全年均值为 40.9,其中 12 月为 45.6(图 11-7)。从一级指标看,数据化发展相对较好,指数值为 56.3,其中国内物流数据获取领域发展基本成熟,跨境物流数据获取仍处于起步阶段;数据基础设施还处于起步阶段,指数值为 18.8,是发展瓶颈;智能协同发展处于高速发展中期,指数值为 45.9,大数据产品协同相对成熟,末端协同仍需加强。

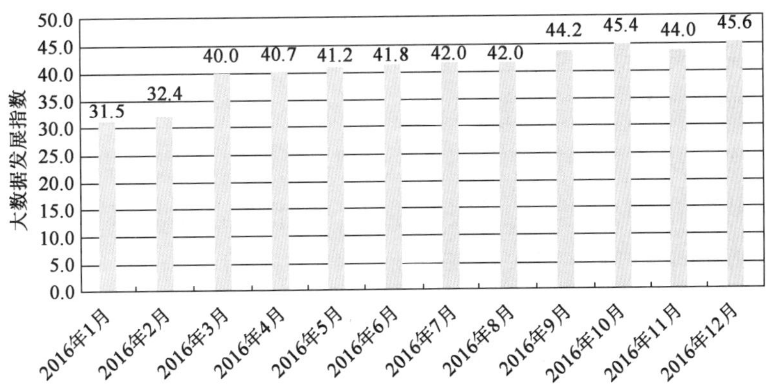

图 11-7　2016 智慧物流大数据发展指数变化情况

第十二章　智慧物流未来趋势

智慧物流是党中央提出的“十三五”时期五大发展理念在物流领域的最好实践。创新、协调、绿色、开放、共享在物流新技术、新模式、新业态、新服务上体现得淋漓尽致。近几年，智慧物流创新亮点竞相迸发，诸多企业各擅胜场，形成了万紫千红、百花齐放的良好局面。

第一节　协同创新和资源共享

一、企业间战略联盟与跨界合作不断深化

许多企业在战略联盟和跨界合作领域进行诸多探索。菜鸟网络联合多家快递企业成立“菜鸟联盟”，运用大数据赋能合作伙伴，为消费者提供当日达、次日达等高效的快递服务，目前当日达、次日达服务已覆盖超过1000个区县；“互联网+”物流平台联合互联网金融企业，上线物流供应链金融产品，从销售端向生产端延伸，从物流业向金融业拓展，通过大数据算法，打通了存货与销售的授信，真正实现全链路覆盖的金融解决方案；中国铁路总公司与海尔集团战略合作，开行海尔电器特需专列。在货运市场，加盟模式快速推进，德邦物流加盟事业部签约合伙人突破5000家，互联网平台型公司卡行天下加盟网点超过1万家。

二、“互联网+”高效物流助力模式创新

互联网去中心化、自组织和个性化的运作方式，重构了商业模式、组织方式、

企业与客户的关系。“互联网+”高效物流重构了物流行业的生态体系和业务流程，推动出现了一批新的商业模式和业态。

“互联网+”智能仓储。目前，快递多采用“单点发全国”的模式，包裹平均运距大于1000km(买家和卖家之间的干线运输距离)。智能分仓利用大数据技术预测未来销售情况，可以把货物预先安排到离消费者最近的仓库备货，从而大大缩短了运距。例如，菜鸟构建的全国智能骨干网络，可使绝大多数包裹的运距缩短至500km之内。菜鸟仓内实施仓配一体化，为商家提供仓储与配送的一条龙服务。物流订单生成后，货物可以从仓内直接分拣、包装并交给合作企业配送，大大提高了物流链路的整体效率。

“互联网+”高效运输。自从2014年以来，我国货运市场上出现了一批“互联网+”物流的创新性模式，如“互联网+”车货匹配、“互联网+”甩挂运输、“互联网+”专业物流等，涌现出了一批像运满满、货车帮、罗计物流、卡行天下等代表性企业。

“互联网+”便捷配送。一批专注于城市配送的平台型企业，如日日顺、速派得、云鸟配送等，纷纷搭建城市货物运输平台，利用信息技术创新共同配送模式。美团外卖、百度外卖、饿了么等企业的外卖即时配送模式，已成为城市配送的重要组成部分。

“互联网+”末端基础设施共享。共建共享城市末端节点逐步成为行业发展趋势。以菜鸟驿站(图12-1)为例，作为城镇社区和大学校园物流配送“最后一公里”的末端节点，驿站通过与大学、社区服务站、便利店、商超、物业等既有社会资源合作，开展代收代存包裹业务，一方面有效缓解了“最后一公里”的效率和成本问题，另一方面还改变了快递包裹末端配送服务杂、乱、差的局面。

图12-1　校园菜鸟驿站

三、多式联运促进资源集约利用

多式联运作为一种集约高效的现代化运输组织模式，在“一带一路”倡议的布局实施过程中，迎来了加速发展的重要机遇。当前，我国已经初步形成了具有一定规模的集装箱铁水联运网络，铁水联运量增长到2015年的237万标箱，年均增长10%以上，帮助运输企业降低干线运输成本15%～30%，企业核心竞争力得到显著提升。

试点推广成效显著。示范企业主动拥抱“互联网+”，开发建设集装箱海铁联运、公铁联运等物流信息系统，加强与上下游企业和海关、海事等部门的信息互联，为多式联运相关方提供开放式、一站式多式联运信息服务，实现在站场设施、运力调配、货源汇集、通关查验等方面的信息共享。

装备技术不断进步。转运装备技术及信息技术促进多式联运快速发展。部分企业应用快速转运装备技术，充分利用无线射频、物联网等先进信息技术，建立智能转运系统，大大提高多式联运换装转运的自动化作业水平。

四、无车承运人推动货运行业转型升级

2016年3月，财政部与税务总局发布了《关于全面推开营业税改征增值税试点的通知》，明确了无运输工具承运业务的地位，实现了制度性突破创新。10月，交通运输部启动我国第一批道路货运无车承运人试点企业申报工作。随着信息技术与物流活动深度融合，未来无车承运人依托移动互联网对零散运力和货源的整合成为可能，通过信息平台，车辆平均等货时间、空驶率将大幅度降低。

第二节　一切业务数据化和一切数据业务化

一、一切业务数据化

一切业务数据化体现了物流信息的可跟踪可追溯，把供应链的每个环节信息转化为数据，将这些数据打通实现在线化。

首先，物流数据标准化基础产品——电子面单。电子面单是一种数字面单，反映了快递物流企业的在数据采集、录入、传输等基础领域的数据化程度。2014年5月，菜鸟电子面单正式上线，电子面单采用 *N*-1-*N* 的模式，即前端对接“*N*”个商家、后端对接“*N*”家快递公司，菜鸟作为居中的“1”为前后端提供技术支持服务。图12-2为电子面单示意图。图12-3为电子面单连接模式。

快递企业使用电子面单后，减少了成本，提升了派送效率，降低了出错风险，提高了绿色环保水平。根据快递企业用户反馈的数据测算，使用电子面单后，中

转环节错分率平均降低了40%,每年节约纸张消耗费用约12亿元。

第二,物流业务在线化的重要指标——物流云。目前,物流行业采用云计算的整体比例还不高。但从2016年开始,接入物流云的企业数量在快速上升,尤其在快递行业,韵达、天天快递等已经全面接入到物流云。图12-4为菜鸟物流云整体架构。

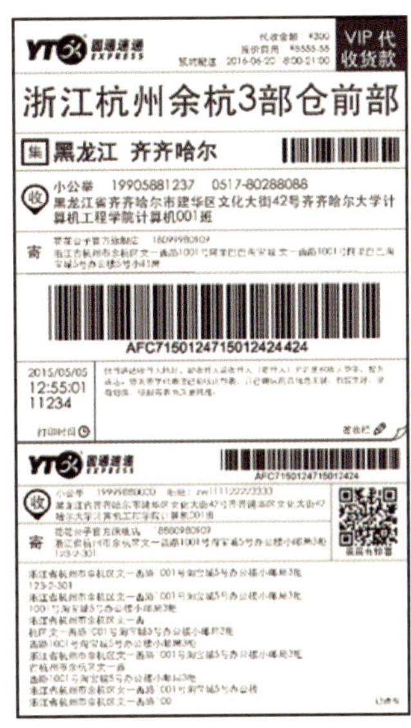

图12-2　电子面单示意图

第三,物流业务大数据化的关键指标——物流详情数据完备率。物流企业在揽收点、配送点、中转点等静态网点的数据回传完整度,综合反映了行业智能手持终端的普及率、信息系统建设能力以及数据对接协同能力。根据统计,2016年电商物流数据详情完整率已经超过80%,这意味着电商物流行业的物流静态数据化程度已经达到较高水平,在揽收、配送、中转等关键环节,数据基本做到了可采集、可录入、可传输、可分析、可视化。

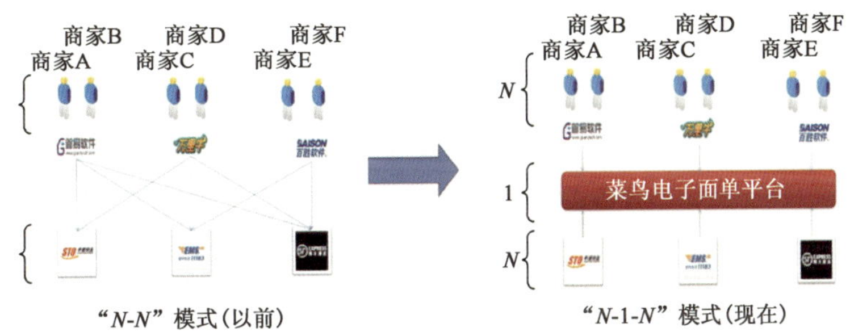

图12-3　电子面单连接模式

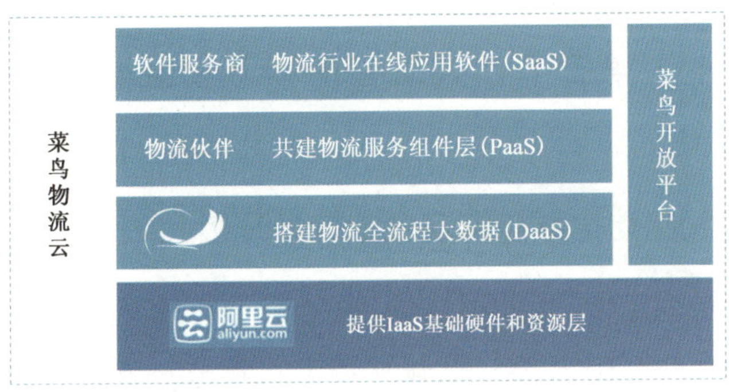

图12-4　菜鸟物流云整体架构

二、一切数据业务化

一切数据业务化是通过大数据产品开发，把大数据应用到具体业务的过程，通过大数据产品赋能物流各个环节，从而实现提高效率和降低成本。

传统物流公司分拨中心流水线上会有大量的分拣员，他们需要看着包裹上的地址信息，凭记忆确定包裹下一站到达哪个网点，这个过程至少需要 3 ~5s。菜鸟网络开发的“智能路由分单”，对海量地址进行分析，实现包裹跟网点的精准匹配，准确率达 98% 以上，分拣用时下降到每单 1 ~2s，仓库分拣效率普遍提高 50% 以上。目前，如中通、圆通等越来越多的快递公司纷纷开始使用智能路由分单。

此外，为了更充分地利用包装箱内的空间，企业通过测算各类商品的体积数据和包装箱尺寸，开发出智能打包算法技术，合理安排箱型和提供合理摆放方案。相比人工判断，每件包装平均可节省 5% 以上的耗材。如果以 2016 年“双十一”6.57亿包裹来计算，一天能节省 3000 万个包装箱，相当于少砍伐 10 万棵树木。图 12-5为菜鸟网络智能打包算法技术。

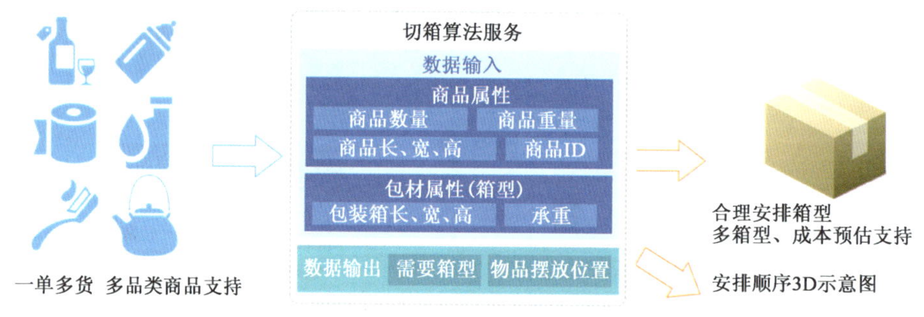

图 12-5 菜鸟网络智能打包算法技术

第三节 人工智能和万物互联

一、人工智能和自动化赋能物流企业转型升级

近年来，货物跟踪定位、无线射频识别、电子数据交换、可视化技术、机器人技术、移动信息服务和位置服务等一批新兴技术在物流行业得到广泛应用。可以预见，物流智能化设备的应用有望在一定程度上缓解“用工荒”“用工贵”等难题。

目前,越来越多的仓库采用大型自动化流水线和智能机器人。自动化流水线改变了传统作业模式,把“人找货”变成“货找人”,不但提高了作业效率,还减少了人工投入,提高了一线人员工作效率和工作难度。据测算,采用手动作业的拣货员日均行走里程超过10km,而借助自动化流水线,同样的拣货数量一天行走里程仅1km左右。

同时,各大公司纷纷加强对物流未来科技的研发投入。如仓内智能搬运机器人可以自动驮着拣货车前往指定货架,360°运行的缓存机器人可以瞬间从500个箱位中准确找到包裹,播种机器人可以通过真空吸盘把货品投入消费者的快递箱。申通义乌分拨中心试验350个机器人在2000m^2的仓库同时作业,1小时可分拣18000个快件。苏宁物流积极开发全自动仓储系统,使用智能仓储机器人,充分利用仓储信息,优化订单管理,大幅提高仓储作业机械化、自动化、信息和数据化水平。图12-6为仓库智能搬运机器人。

图12-6　仓库智能搬运机器人

此外,企业将无人机首先用于物流园区安防巡检。通过实时处理巡检过程中无人机回传的监控视频,对园区车辆违章行驶、人员违规行为、物品遗撒等异常事件进行识别和报警,可以第一时间通知园区值班人员快速处理园区异常事件。无人机巡检不仅降低了巡检成本,还大大提升了巡检效率。

二、物联网技术促进物流过程透明化

在全球范围看,物联网正处于快速发展阶段,并在部分领域取得了显著进展,从技术发展到产业应用已显现了广阔的前景。应用场景主要有以下五个方面:

一是车辆调度。通过在运输车辆上安装全球定位系统以及附属信息采集设备,可以采集车况、周边环境、路况、实时天气等信息,自动上传给调度中心,通过智能化调度系统对车辆进行调度优化。

二是货物追溯。通过在货物托盘上加装标签,货车增加门磁开关、卫星定位系统和视频系统,可对货物进行远程视频追溯,如出现串货,可以追溯到每一个开关门画面。

三是全程冷链。对车厢内进行温度感知,实现运输全过程温度可采集,提前打冷和温度预警,保障冷链物流不断"链"。

四是驾驶安全。实时获取车辆速度、位置、驾驶室环境信息,对货车驾驶员的超速、超载、疲劳驾驶等行为进行监控,易发事故路段及时提醒,保障驾驶安全,避免事故发生。

五是供应链协同。通过物联网技术及时传递供应链上下游企业物流信息,打通信息壁垒,实现供应链高效协同,避免因库存过高、装卸等待时间过长导致的供应链低效。物流透明化五大应用场景如图 12-7 所示。

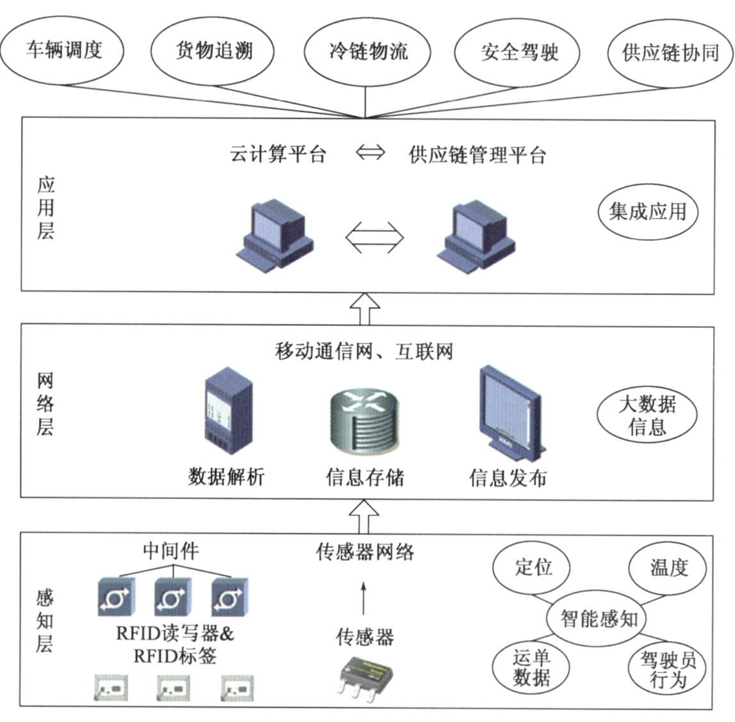

图 12-7 物流透明化五大应用场景

第四节　节能减排和绿色发展

一、甩挂运输降低单位运输能耗

甩挂运输是一种高效节能的干线运输组织模式。“十二五”期间，交通运输部会同相关部门启动了甩挂运输试点项目，累计拉动社会投资约60亿元，带动平均单位运输成本和能耗强度下降10%～20%，共节约燃油约17.8万t，减少二氧化碳排放约56.4万t。

二、新能源物流车辆助力城市配送

中国在巴黎会议上承诺将于2030年左右使二氧化碳排放达到峰值并争取尽早实现单位国内生产总值二氧化碳排放比2005年下降60%～65%，非化石能源占一次能源消费比重达到20%左右，森林蓄积量比2005年增加45亿m^3左右。随着电商经济的发展，为城市带来了物流的繁荣，新能源物流车市场增长迅速。

近年来，工信部发布的1～6批《新能源汽车推广应用推荐车型目录》。例如，在第四批目录中，新能源乘用车型共27款，占比6%，新能源客车共有53家企业的268款产品，占比总数的59%，新能源专用车共有47家企业的158款产品，占比总数的35%，创下新高。在第五批目录中，共有309款新能源车入选，新能源专用车有91款，占比29.45%，其中，纯电动专用车主要以纯电动物流车为主，数量达到79款，占新能源专用车的87%。在第六批目录中，共有201款新能源车入选，其中，纯电动专用车有57款，占比28.4%，纯电动物流车共46款，占新能源专用车的80.7%。

在新能源物流车辆运营创新方面，荷兰阿姆斯特丹和德国柏林的新能源物流车辆城市配送创新项目颇具特色。由于新能源物流车辆噪声水平低，货物的运输时间可以扩展到非高峰时段以及夜晚，从而避开交通运输的高峰时段，同时降低二氧化碳及其他污染物的排放。因此，阿姆斯特丹在城市周边建立了城市物流配送中转站，规定要进入阿姆斯特丹的货物，必须在经过传统运输工具进入中转站之后，再用新能源物流车辆送至市中心；柏林也致力于利用新能源物流车辆的优势，创立新能源物流车辆城市配送，发挥电动商用车辆在城市中进行运输的潜力。

此模式充分利用了新能源物流车辆的优势，在很大程度上降低了城市配送带来的压力。

三、绿色包材减少环境污染

随着快递业务量快速增长，对绿色包装的关注也越来越高。绿色环保可持续、减量化、可循环已成为快递包装行业的发展趋势。2016 年 8 月，邮政局出台《推进快递业绿色包装工作实施方案》，提出了“低污染、低消耗、低排放，高效能、高效率、高效益”的绿色发展要求。

行业内领军企业也展开了积极行动。2016 年 6 月，菜鸟网络联合国内外 32 家物流合作伙伴成立菜鸟绿色联盟，宣布启动绿色行动计划，包含绿色配送、绿色包裹、绿色智能、绿色回收四个具体行动，并明确提出了量化目标：到 2020 年，争取行业总体碳排放量减少 362 万 t，50% 的电商包裹包材替换为绿色包材。为此，菜鸟网络联合产学研等各方力量，开发了全生物降解塑料包材、免胶带纸箱，并联合淘宝推出绿色包裹专区，推动更多商家使用绿色包材；同时，菜鸟联合天猫企业购平台开设绿色包材专区，为环保包材生产商和电商卖家建立供需通道。另外，菜鸟网络在高校菜鸟驿站开始设立“绿色行动包材回收区”，计划在 1000 所高校实现纸箱循环利用，推广绿色包材使用，促进校园环保事业。

2017 年 1 月，申通快递的江浙沪皖各网点及转运中心互流件全面使用环保袋。新环保袋包装无污染、可循环使用，节约编织袋成本 40% 左右，环保袋内置芯片拥有定位跟踪功能，能够准确定位袋子最终所在位置，可实现实时扫描在线查询等功能。

2017 年 3 月 17 日，中国首个物流环保公益基金——菜鸟绿色联盟公益基金在京成立。该基金是由菜鸟网络、阿里巴巴公益基金会、中华环境保护基金会发起，并联合圆通、中通、申通、韵达、百世、天天等六家快递公司，共同出资成立。基金计划投入 3 亿元，用于开展绿色物流、绿色消费、绿色供应链等方面的研究、倡导和推动，专注于解决日趋严重的物流业污染现状，推动快递包装创新改良，促进快递车辆使用清洁能源，引导运用大数据技术减少资源浪费，更好的保护生态环境。

案 例 篇

李克强总理在2016年度政府工作报告中指出，要深入实施《中国制造》，加快大数据、云计算、物联网应用，以新技术、新业态、新模式，推动传统产业生产、管理和营销模式变革。大力振兴实体经济，不断推动产业优化升级。国家相关主管部门密集出台了多项政策文件，鼓励智慧物流的发展与实践，其中互联网技术和大数据应用已经成为物流业发展不可或缺的重要组成部分。

据《2017中国智慧物流大数据发展报告》显示，大数据、云计算、物联网等新技术在行业内深度融合。市场主体通过新技术，转型升级，提质增效，新的业态模式逐渐显现，行业格局风云变幻。在此背景下，智慧物流发展迎来了大黄金时期，一批走在大数据时代前沿、引领智慧物流发展的企业涌现出来。本篇，我们按照物流大数据应用情况、智慧物流发展愿景和大数据实施效果的分类，为读者梳理了这些企业的成功经验和做法，供学习和参考。

第十三章　菜 鸟 网 络

第一节　企 业 简 介

菜鸟网络科技有限公司成立于2013年5月28日，由阿里巴巴集团、银泰集团联合复星集团、富春集团、申通集团、圆通集团、中通集团、韵达集团等共同组建。

菜鸟的愿景是建设一个数据驱动、社会化协同的物流及供应链平台。它是基于互联网思考、基于互联网技术、基于对未来判断而建立的创新型互联网科技企业。它致力于提供物流企业、电商企业无法实现，但是未来社会化物流体系必定需要的服务，即在现有物流业态的基础上，建立一个开放、共享、社会化的物流基础设施平台，在未来中国任何一个地区可实现24小时内送货必达。

为此，菜鸟网络计划分三期建设，首期投资人民币1000亿元，希望在5～8年的时间，努力打造遍布全国的开放式、社会化物流基础设施，建立一张能支撑日均300亿（年度约10万亿）网络零售额的"中国智能骨干网"，帮助所有的企业货达天下，同时支持1000万家新型企业发展，创造1000万就业岗位。由菜鸟网络搭建的"中国智能骨干网"，将通过自建、共建、合作、改造等多种模式，在全中国范围内形成一套开放共享的社会化仓储设施网络。同时，利用先进的互联网技术，建立开放、透明、共享的数据应用平台，为电子商务企业、物流公司、仓储企业、第三方物流服务商、供应链服务商等各类企业和消费者提供优质服务。

"中国智能骨干网"不仅是电子商务的基础设施，更是中国未来商业的基础设施。中国智能骨干网将应用物联网、云计算、网络金融等新技术，为各类B2B、B2C和C2C企业提供开放的服务平台，并联合网上信用体系、网上支付体系共同打造中国未来商业的三大基础设施。物流一直被认为电子商务"三流"(信息流、资金流、物流)最难攻克的障碍。2014 年,中国网络零售市场交易规模达 28211 亿元,同比增长 49.7%,按此增长速度,在可预见的几年内网络零售交易额将触及 10 万亿节点,高速发展的电子商务所代表的中国新经济,急需构建规模更大、效率更高、网络更完善、服务更优质的社会化物流基础设施平台。

秉承和发扬开放、透明的互联网文化,菜鸟网络将通过开放的平台,与合作伙伴建立共赢的体系,服务整个电商生态圈内的所有企业,支持物流行业向高附加值领域发展和升级,最终促使建立社会化资源高效协同机制,提升中国社会化物流服务品质。

第二节 物流大数据应用情况

一、包裹流量流向预测技术

历年的"双十一",如何预估全网的包裹总量和流量流向,为快递公司提供决策支持,提前规划是一个至关重要的技术问题。包裹总量预测根据电商预估的 GMV 总量、历史订单数据、客单价变化趋势等,分析各项宏观因素,并监控淘系平台"双十一"之前的销售数据,引入可能存在的不确定因素,预测今年包裹总量的增长幅度。流量流向预测是要精确地拆解到不同的快递公司、各个城市、各条线路,并且基于时效预测给出各条线路每天的发货量以及未来"双十一"期间的到货量,可以帮助快递公司提前准备运力、优化资源,以应对物流高峰。2016 年"双十一",利用大数据技术和算法,预估包裹数量为 6.8 亿件,达到 97% 的准确率;预测每家快递公司在全国每一条线路上的包裹量平均的准确率达到 80%,真正帮助快递公司做到了兵马未动、粮草先行。

二、信息标准化服务——菜鸟电子面单和智能分单

智慧物流平台采用菜鸟网络自主研发的菜鸟电子面单,提供在线运单生成、打印与管理的服务,让包裹信息数据化和线上化,不仅提供了整个快递行业的信息化基础措施,每年还能为快递行业节省大量成本,如图 13-1。菜鸟电子面单打印效率是普通纸质面单的 4 ~6 倍,平均每单打印只需花费 1 ~2s。每张电子面单的成本是 0.1 元,比传统纸质面单成本 0.2 ~0.3 元降低了一大半。仅从纸张成本

计算,菜鸟电子面单一年能够为快递行业节省 12 亿元人民币。截至 2016 年底,菜鸟电子面单已经对接了国内主流的 16 家快递公司,行业渗透率超过 80%。电子面单和智能分单示意图如图 13-1。

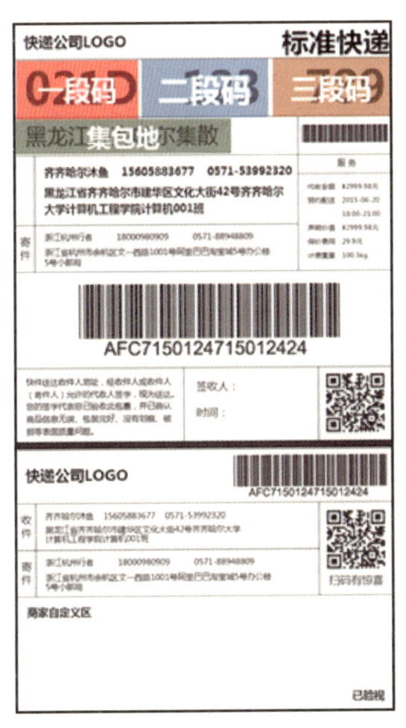

图 13-1　电子面单和智能分单示意图

快递包裹在送达消费者手中前,要在分拨中心和网点进行大规模分拣操作。在传统的作业模式下,分拣人员通过阅读面单上的地址,凭记忆进行分拣。由于地址量巨大,分拣出错概率高。在"双十一"等大促活动,包裹量剧增的情况下,人工分拣已经成为效率提升的瓶颈,也是导致"爆仓"现象的关键因素之一。

为了解决该难题,菜鸟网络算法团队研发了基于大数据的"三段码"智能分单系统。该系统能够在发货时精确地预测出派件网点和小件员编码,并将编码打印在面单上,指导后续的分拣操作。通过智能分单,分拣人员直接通过面单上的编码进行分拨,分拨准确率可以达到 99.9%,极大提升分拨效率。经测算,智能分单每年可为行业节省成本 6 亿多元。在 2016 年"双十一",包裹在网点的停留时间比前一年足足减少一个小时,为小件员节省派件时间总计 16 万个小时。基于电子面单和智能分单,主流快递公司今年大规模启用自动化分拨设备,大幅提升了核心节点的效率,电子面单和智能分单已经发展成为行业的基础设施。

第三节 智慧物流发展愿景

“双十一”期间,除了帮助快递公司做好数据预测物流平台,还要协调数千商家的上亿商品有序入到数以百计的仓库。

入库持续优化。菜鸟搭建了大数据预约平台,串联从预约到完成入库的整个流程信息,积累入库过程中商家、干线、车辆、货品体积等基础数据,再根据运筹算法推演。“双十一”备货期间,考虑仓内实际库容及剩余库容、货品分层等因素,通过智能推荐预约入库方式,实现多因素统筹预约。最终实现了亿级货物的有序入仓,全程仓库无爆仓,商家无等待,如图 13-2。

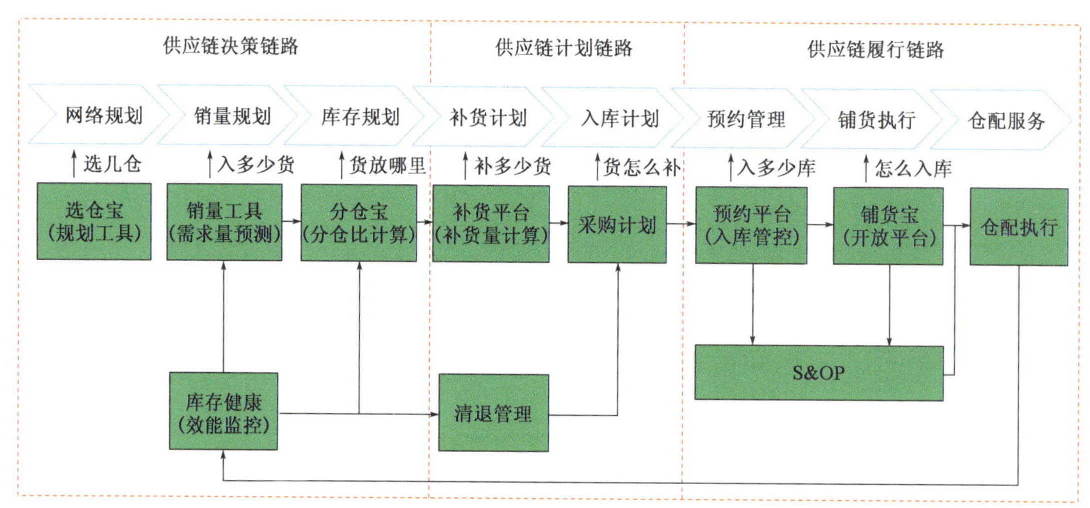

图 13-2 入库流程优化图

入库分布。为了更进一步做到货物直接铺到离消费者最近的位置、最大化提升消费者的物流体验,结合商家货品粒度的历史销量数据、社会化仓配网络体系、线路时效及成本数据,通过大数据的实时运筹仿真模拟系统,智能推荐最优的货品入仓方案及仓内库存分布方案。数据直接透传给补货系统,保障货物直接补到离消费者最近的仓库。

库存下沉。在“双十一”期间,消费者最关注的问题就是购买的包裹何时送达。除了在入库时让货物离消费者更近,我们通过预打包、库存下沉等手段,做到了“单未下,货先行”。通过大数据分析仓库的库存分布、历史订单情况,结合消费者的购物车、收藏夹等数据,预测出商家订单结构,仓内会提前对商品进行预包,并随时准备出库，到实际仓库生产作业时，由于进行了预打包，生产工序将会节省了大量时间，如图 13-3。

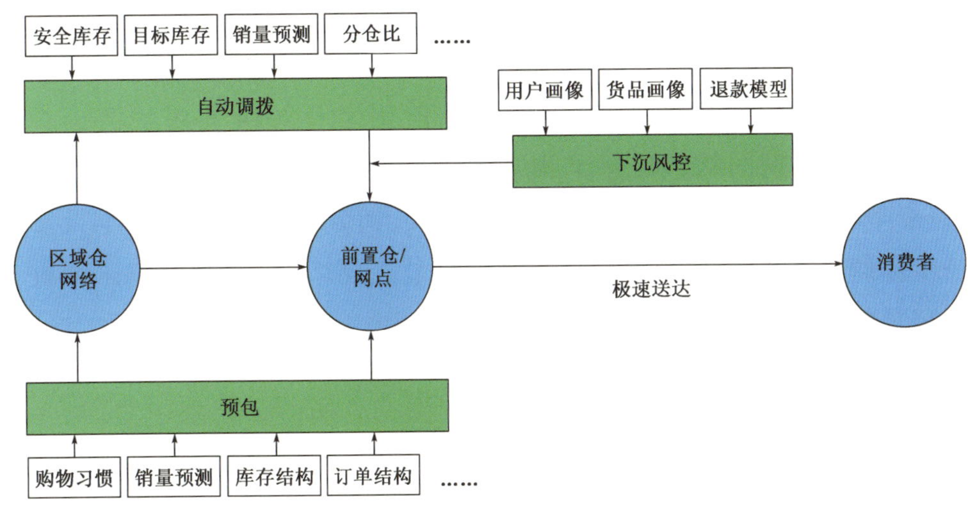

图 13-3 库存下沉流程优化图

大量的前置仓、网点是智慧物流优化平台的基础设施支撑。在销量预测的基础上，根据库存、缺货、周转、时效、成本等一系列因子，平台系统自动给出调拨建议、装车建议，货物将以集约化的方式提前下沉至前置仓或网点。2016 年“双十一”期间的包裹量是平时的十几倍，通过大数据算法预测、统筹，提前进行预包、调拨、下沉，可以充分利用“双十一”前几天的黄金时间，急速提高包裹运转效率，提升消费者体验。

第四节 实 施 效 果

智慧物流优化平台除了在技术领域不断创新外，还对于行业发展有三个方面显著的作用。首先，完成了最广泛的物流行业基础信息标准化。菜鸟网络开发的电子面单是物流行业迄今为止应用最广泛的信息化标准产品，行业渗透率已经超过 80%。菜鸟电子面单为商业供应链中的卖家和物流公司提供了统一接口，提供了完备的基础信息，不仅提高了发货效率，还为行业每年节约了大量成本。电子面单和智能分单也为仓储配送等环节的自动化奠定了基础，是物流行业的重要信息基础设施。其次，智慧物流优化平台满足了中国电子商务场景下 70% 包裹的顺畅运行。菜鸟五张物流网络（快递、跨境、仓配、末端和农村）通过智慧物流优化平台的支撑,连接了 3000 家合作伙伴、170 万快递员、每天累计快递运输里程 500 亿 km,日处理数据量 9 万亿条,每天节省快递等待时间 2.6 亿 h。最后,智慧物流优化平台满足了“双十一”十亿级包裹的极限挑战。“双十一”包裹数量大概等同于日常的十倍左右,智慧物流优化平台满足了“双十一”的极致考验。2015 年“双十一”当天的物流订单量历史性地达到了 4.67 亿件,相比于 2014 年足足增长了 65%。2016 年,“双十一”期间的包裹量又出现了爆发性地增长,达到了 6.57 亿件。但是,从包裹平均签收时间来看,2014 年用了 6 天,到 2015 年提速到了 4 天,2016 年则进一步提速只用 3.5 天。尽管逐年包裹数量在剧增,但是时效越来越好,更加说明了智慧物流平台在“双十一”起到的巨大作用。

第十四章　中原大易科技有限公司

第一节　企 业 简 介

1. 公司概况

中原大易科技有限公司主要从事铸造、水泥、煤电、铝业、矿产品等原材料及产成品专业运输管理运营、仓储及物流代理服务，运输管理业务覆盖范围拓展到河南、山东、辽宁、山西、内蒙古、新疆、天津等十个省（自治区、直辖市），积极响应国家交通运输部倡导的无车承运人试点工作，成为河南省首批13家无车承运人试点企业之一。

2. 公司主营业务

中原大易科技有限公司借助传统物流服务优势与管理经验，积极拓展电商物流网络覆盖渠道、大宗物料产品体系的业务规模，积极构建线上线下端到端的立体化服务网络，实现物流过程的全程可视化管理，并与河南省国税局货运业务网络服务平台系统进行对接，为广大单车驾驶员从业者提供增值税发票代开服务的平台，解决无车承运人业务信息透明化以及增值税进项发票获取困难的问题。

公司自主研发、建设并运营的集物流服务交易、物流过程管理和协作流程对接为一体的商贸物流电子商务平台，从采购物流、销售物流等领域，针对水泥生产企业、原材料运输企业、煤焦化、电解铝、电厂等行业提出行业解决方案，为生产企业提供高效快准运输、精益配送服务，通过大数据建模，对有需要的客户提供运配网点规划、多站式运输线路规划、云供应链应用等咨询服务。

第二节　物流大数据应用情况

中原大易科技有限公司目前95%以上运输任务由合作经营的社会车辆承运，依托传统货主企业区域、资源优势，巩固优化供应链上下游的协作关系，以货源企业为基础，快速占据行业车辆管控“运力池”主动权，以服务为导向，搭建跨区域、跨行业的物流服务平台。

公司同时推进相关配套的金融、保险、理财等增值服务，目前合作车辆近10万辆，活跃车辆12000辆，年运输车次达600万次，年运输费用超过42亿元。

另外，公司积极发展多式联运等运输组织方式来提升运输效率，目前主要承运货类为水泥、煤、焦炭、孰料、其他大宗物料，公司已与全国多个铁路货运场站和港口合作，实现多式联运运输，运输载体覆盖船运、铁路、公路。

第三节　智慧物流发展愿景

1. 资源整合、产业联动订单全程一体化，行业物流整合

平台通过用户会员实名注册，将散乱的车辆信息汇集于平台，形成平台运力池；利用互联网技术实现线上带动线下，货主通过平台发布货源计划，货运信息直达车主，形成运力直采，大大提高了物流运输的效率；利用平台实现线下联动线上交易，将实际物流交易业务产生的信息流、商流、资金流、车流归集予平台，线下业务线上化，通过平台货主、车主双方均可有效地了解驾驶员在途运输的执行情况，做到精细化管理，提高了车辆调度的时效性及在途货物的安全性；平台通过与第三方支付平台对接或自建支付系统，将为货主车主提供运费支付、资金转账、保险、理财等多种资金服务项目。真正做到车与货相结合、业务与资金相结合、信息与人相结合，服务于广大货主、车主、驾驶员的互联网交易平台。将一手货源、车源、修理厂、加油站以及在线保险、支付、定位跟踪等物流要素进行智能化、可视化地整合，可以真正实现科学调配和效率提升，有利于降低采购、运输成本，提升企业的整体竞争力，实现多方共赢。

2. 运用大数据技术，加强信息交互及处理能力

利用先进的IT技术，实时了解车辆状态，智能加人工匹配调度，让驾驶员可以

有效利用车辆资源,多拉货减少空载率。实时的运费自动结算,减少中间环节,使驾驶员车主收益满意度提升,企业成本降低。物流平台还能够基于其大数据和分析工具,提供各种可定制化的报表如成本分析、运输网络分析、财务分析等,帮助用户优化供应链管理,从而做出最有利的决策。

3. 创新业务,完善服务

在运营过程中,随着服务价值的体现,中原大易科技把行业市场上(甚至整个国内国际物流市场)大大小小的运力整合起来服务货主,给货主提供服务,收取一定的服务费,令中小车队与大型货主企业直接对接,减少了传统货运层层外包、层层加价的局面,使得公司有足够的空间做到向货主承诺运力,向货主承诺运价,在保证运输服务品质的同时给自己留下利润空间。通俗地说,中原大易科技直接让中小车队与大型货主企业对接起来,消除层层盘剥,对传统的运输商而言,他们既不想放弃对货车等固定资产的控制权,也没有能力在货运网络信息平台上投入大量的资本,而利用物流平台公司使两个问题得到解决,合作对双方都有利。中原大易科技的经营模式,表面上看是赚取了货主与承运人之间的差价,实际上却是站在客户利益的角度帮客户解决其最关心的运力供应问题,公司赚取的是给客户带来运力资源整合价值的报酬。

4. 完善保险等金融服务,切实履行承运责任

国内物流企业对于货物、人员、车辆的经营风险转移需求成为刚需,而保险产品能够很大程度上转移、化解物流企业的经营风险,保障物流企业正常运营,解决驾驶员的后顾之忧,正是本着源于物流、服务物流的宗旨,中原大易科技将依托物流平台优势,结合物流互联网产品及其他金融服务,建立基于互联网运营的保险经纪业务平台。通过此平台,实现为物流及其内外部客户提供保险方案、询价报价、投保、协商售后保全与理赔的保险经济业务模式,同时结合既有物流企业、货车驾驶员资源开展保险代理销售业务。公司将与各大保险公司密切合作以快速切入保险市场,构建物流保险生态圈,后期将融入更多异业合作模式,丰富产品范围、拓宽合作渠道,增进在新领域的竞争能力。

在中原大易科技的金融蓝图中,金融服务从最基础全面的支付、保理、保险、融资租赁等方面服务于物流的各个参与主体,助力他们在新的物流生态圈里更从容地交易、更简单地积累财富、更体面地生活;到一定阶段后,大易金融还将深入到补充社会征信、物流大行业股权投资、财富管理等宽泛的领域,真正实现整个行

业的全面提升,如“互联网 + 车货匹配”“互联网 + 金融服务”“互联网 + 供应链管理”等。通过“互联网 + ”来实现供给侧改革,实现融合创新是大势所趋,可以说,大易物流保险业务是大易科技构建智慧物流生态圈的必要举措。

5. 对接数据互联

“大易物流平台”打造了一个向企业、货运车辆开放的线上平台和线下服务机构,帮助企业和车辆通过 PC 终端和手机 APP 完成线上交易,实现了物流各个主体的信息对等,有利于降低采购、运输成本,提升企业的整体竞争力。

中原大易科技不局限于为供应链上下游企业提供信息对接互联服务,还为政府、行业主管部门、研究院所及高校提供数据辅助决策支撑。公司积极配合省交通物流公共信息平台与国家交通运输物流公共信息平台对接工作,为行业物流发展做出贡献。公司发挥自身行业特点和供应链上下游的信息优势,为社会服务,为行业服务,与山东高速、中交兴路、安联程通、社会资源进行共享,与国税进行接口开票,与保险公司进行数据对接,确保了平台的全面推广。

第四节 实施效果

1. 降本增效、节能减排

中原大易科技有限公司成为无车承运人试点企业后,积极推进货源与车源的集约整合,进一步提升社会的物流效率、降低社会物流成本,促进物流行业向现代化高效物流转型升级。同时通过提升车货匹配与交易的效率,持续大幅减少社会运力资源闲置和空驶浪费,从而减少城市二氧化碳和汽车尾气的排放,助力产业和城市可持续发展。

平台的建成,大大提高了企业配货效率,实现了企业原材料、产成品的快速高效流转,缩短了流通时间。

大幅降低车辆支付给物流公司的信息服务费支出,同时手机 APP 的使用节省了驾驶员的在途等待和配货时间,减少因着火空驶造成的燃油费、过路过桥费、住宿餐饮费等。同时优质货源为货运车辆提高收入,且平台车辆能及时进行在线实时支付。

2. 有利于推进物流服务的社会化和专业化

平台建设可以稳步推进信息基础建设,提高信息基础设施利用率,提升互联网络的交换能力及全国地区物流信息集聚与辐射能力,充分利用已有优势资源,为全社会提供社会化和专业化服务。

3. 服务行业、示范先行

实现区域分拨和干线运输互联互通,并不断优化运营模式,创新服务产品,逐步将业务拓展到公铁水联运等领域,并率先在汝州落地试行,推动河南省物流市场集约化、规模化和规范化发展,为物流企业转型发展和技术平台型企业创新思维提供了示范。

4. 积极争取政策支持

加强与地方交通运输、税务、商贸、工信等部门沟通联系,积极争取有利于无车承运业务顺利开展的有关政策出台落地,并配合地方相关部门做好有关无车承运管理制度、标准规范和政策制定的具体工作。

5. 相关平台对接,资源互补共享

积极与省交通平台对接,对实际车辆相关证件及驾驶员资质进行查验,完善信用体系建设。推动电子运单轨迹数据的完善和与手机 APP 定位互补,与中交兴路信息科技有限公司在北斗系统历史、实施轨迹进行对接深度合作;积极响应国家相关部门数据接入标准,加大标准的普及和检查力度,为信息平台的互联互通和数据共享打基础。

第十五章　易 流 科 技

第一节　企 业 简 介

深圳市易流科技股份有限公司(股票代码:835955)是国内领先的物流透明 SaaS 服务运营商。

2006 年成立于深圳,经过十多年的发展,业务覆盖中国 300 多个主要城市和地区以及东南亚、欧美部分国家和地区。

十年来,易流科技以北斗/GPS、GIS、移动互联网、物联网、大数据和云计算为技术支撑,秉承"透明连接物流"的理念,"专业、专注、专精"于物流运输行业,以软、硬一体的物流透明 SaaS 服务为切入,致力于构建中国最大的公路运输产业链互联网平台。未来十年,易流将继续实践"易流云连接平台、大数据支撑平台和协同产业链平台"三大平台战略,以提升物流运输产业链的整体运行效率。

易流有 100 多位 IT 及硬件设备工程师的团队,全国有 300 多个数据采集终端维护网点及 60 台数据库服务器。

目前,公司服务对象包括宝洁、华为、富士康、中石化、DHL、招商局物流、中外运、顺丰、圆通、申通、沃尔玛等企业物流以及供应链领域的企业客户达 30000 余家,在线服务的运输车辆 120 多万台,汇聚了 130 多万名一线驾驶员的真实海量信息资源,系统每月数据增量超过 10TB。易流在服务物流企业的过程中,积累了大量的真实运输数据,形成了物流数据池。目前,易流基于物流大数据,已经初步实现了一些物流大数据应用,如企业画像、物流金融、智能调度等等。

第二节　物流大数据应用情况

易流的大数据应用主要分为三个方面：一是面向行业及政府主管部门的物流宏观数据分析；二是面向企业用户的大数据分析服务及相关应用；三是基于大数据分析做物流企业及驾驶员的数据征信，开展物流金融业务。

在物流宏观数据分析方面，易流是交通运输部"全国道路货物运输价格与成本监测数据采集定点单位"，是中国物流采购联合会公路货运分会中专门提供"公路货物效率指数"技术支持的单位，定期或不定期输出物流宏观数据分析。目前公司在宏观物流数据分析方面的大数据应用成果，有公路货运效率指数、公路物流路网、冷链物流热点分布等。

在面向企业用户的大数据分析服务方面，易流科技主要是基于企业用户自身的业务数据进行分析。目前的应用有企业运力需求预测、线路优化、智能调度等。

在物流数据征信方面，易流对其服务的 3 万多家企业用户和 130 万名货运驾驶员开展用户画像和数据征信分析，对信用良好的企业用户及驾驶员提供"运单贷"的金融短贷服务。

第三节　智慧物流发展愿景

易流认为，智慧物流的基础是"物流透明"。智慧物流的实现需要通过"物流透明"来沉淀相关的物流大数据，并且当物流大数据应用发展到一定阶段（比较成熟的阶段），才实现智慧物流。关于智慧物流，可以用"物流透明 3.0"理论体系进行阐释。

"物流透明 3.0"，是易流原创的理论体系，被认为是契合中国国情和中国物流业实际情况的理论。物流透明 3.0 理论的核心观点认为：物流信息化及物流互联网化的发展可以定性地分为三个阶段（同时也是三个层次）；这三个阶段分别叫作——物流透明 1.0、物流透明 2.0 和物流透明 3.0。

物流透明 1.0，是指人车货仓等物流要素的物理信息透明；物流透明 2.0，是指物流的单据、流程、业务网络等逻辑信息的透明；物流透明 3.0，是指供应链、需求链、产业链的透明，核心是物流供需信息的透明。

根据物流透明 3.0 理论的观点，可以说智慧物流发展到什么程度，其先决条件是“物流透明”发展到什么阶段。所以易流对智慧物流的愿景就是不断深化“物流透明 3.0”理论的实践，不断丰富“物流透明服务”内容的广度和深度，来帮助物流业务链条上的相关角色（货主企业、物流企业、车队、驾驶员、收货人等）实现整个物流业务链条的数据化，从而汇集和积累物流大数据，进而通过发挥物流大数据的作用来实现智慧物流。

第四节　实施效果

一、物流宏观数据分析

1. 公路货运效率指数

货运效率指数，是指中国公路货运行业运输车辆每月使用效率的数据体现，以反映全国运效率的水平和动态。

公路货运效率指数由中国物流采购联合会公路货运分会发布，主要基础数据及大数据处理算法及技术支持由易流提供。

如图 15-1 所示，为 2015 年 7 月到 2017 年 7 月每个月份的货运效率指数的具体数据。

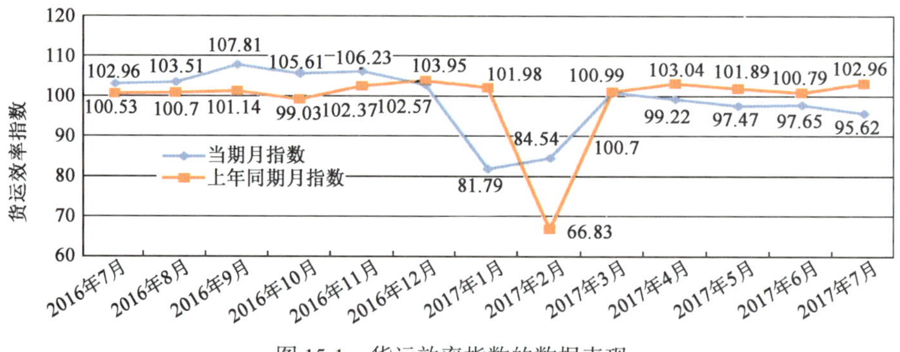

图 15-1　货运效率指数的数据表现

2017 年 7 月份公路运输效率指数为 95.62，比基准数（100）低出 4.38 个指数单位；对比上个月下降了 2.03 个指数单位；与去年同期相比下降了 7.34 个指数单位。

指数基准数 100，作为衡量指数水平的参考点，指数高于 100 表示行业运行景气，而低于 100 表示行业运行衰退。月指数的基准数 100 是以 2014 年行业整体月平均运行水平经过模型化处理而得；而日指数的基准数 100 是以 2014 年行业整体日均运行水平经过模型化处理而得。

2. 全国路网分析

通过运力大数据分析，把货运车辆轨迹展现在地理坐标上，就自动连接成了全国的公路路网。根据运力大数据反映的全国公路网可知，运力大数据绘制的公路路网与实际的全国公路路网基本重合。

3. 区域运力进出流量分析

基于运力大数据，可以针对某一区域分析其与周边区域的运力往来关系。如图 15-2 所示，展示了从陕西周边省市进入陕西省的运力流向及流量，箭头越粗则表示流量越大。而图 15-3 则正好相反，表示运力从陕西省流向周边的省市的具体流向及流量。区域间的运力流量在一定程度上能够反映区域间的经济关联度，以及具体线路的货运交通压力。

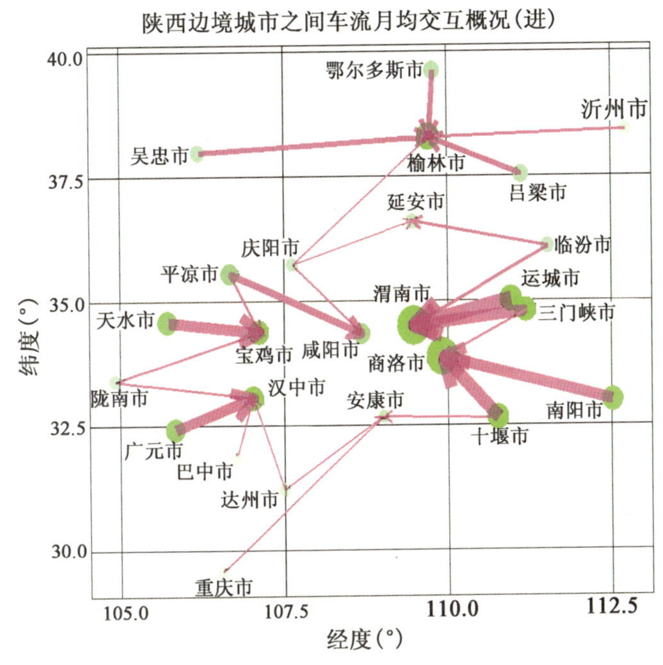

图 15-2 进入区域的运力流量示意图

二、面向企业用户的大数据分析

如图 15-4 所示，通过对某网络零售企业的全年用车情况进行分析，发现有三个用车高峰时间点，分布是春节前、“618”购物节、“双十一”购物节；同时反映出该企业平均的用车数量范围。通过大数据来展示一个企业的用车规律，这样有利于企业在运力储备以及运力调配方面做出更合理的决策。

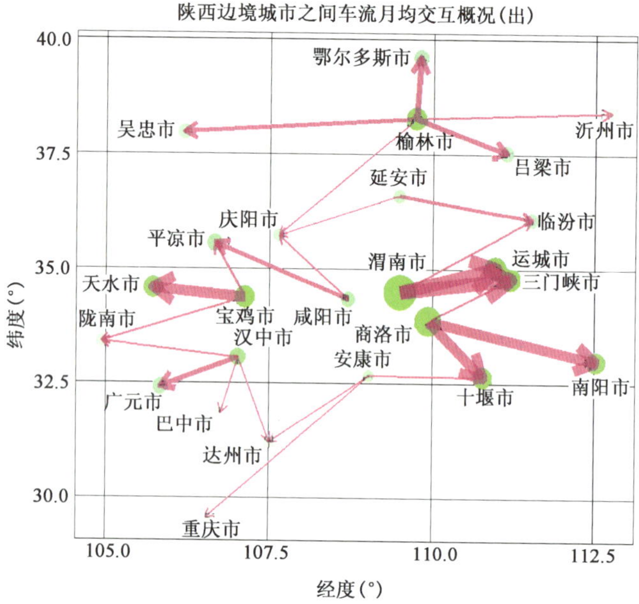

图 15-3　出区域的运力流量示意图

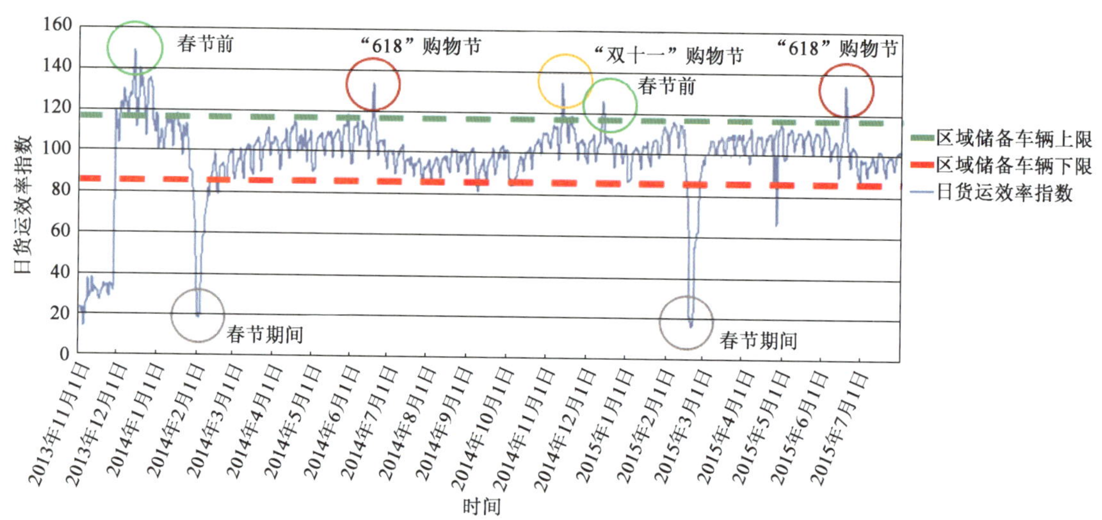

图 15-4　基于大数据分析的某网络零售企业的用车情况

第十六章　罗 计 物 流

第一节　企 业 简 介

罗计物流（北京运科网络科技有限公司）成立于2014年8月，由真格基金、百度、IDG资本、人人网等多家知名投资机构领投，是以精准车货匹配系统、物流云服务及物流大数据产品为核心的智慧物流解决方案提供商。

公司先后被科技部、工信部、中国物流与采购联合会评为“中国物流信息化杰出服务商”“福布斯中国成长最快科技企业”“中国大宗商品现代流通示范企业”“火炬中心独角兽企业百强”“北京市高新技术企业”等荣誉称号。

罗计物流通过移动互联网、云计算、大数据等先进技术，打造一站式“无车承运”智慧物流平台，实现“线上物流资源合理配置、线下物流高效运行”，缩短物流中间交易环节，整合优化运力资源，助力供应链各环节实现透明、可追溯。公司旨在通过数据驱动，创新物流资源配置方式，构建物流诚信体系，推进物流业供给侧结构性改革，促进物流业“降本增效”，为国民经济提质增效提供有力支撑。

罗计物流每日获取物流需求信息3万单以上，年结算运费10亿元，整合了近200万个货车运力资源，为70万家企业服务，年纳税超千万元。公司为华宇、新邦、德邦、远成、广西糖网、箭牌卫浴、海尔电器、天猫、菜鸟、美的、雪花啤酒、金龙客车、ofo等企业提供高效、安全、优质、低价的智慧物流解决方案。切实服务实体经济和物流行业“降本增效”，提升综合运输服务质量，促进移动物联网技术与货运物流行业深度融合发展。

第二节　物流大数据应用情况

一、物流信息平台主要功能

1. 无车承运业务

罗计物流根据客户的业务需求和实际情况，为客户量身定制整套智慧物流解决方案，有效整合车队、信息部、物流专线，高效匹配运力，为客户提供实际承运服务。

2. 车辆位置、轨迹实时查询

罗计物流可为用户提供承运车辆的实时位置信息及其历史轨迹信息。用户可通过位置和轨迹信息对运输全过程进行透明化管理。

3. 物流云服务

罗计物流自主研发 TMS 和 SaaS 系统，为企业提供物流云服务，为中小物流企业赋能，实现货源、车源线上线下互动，信息互联互通。

4. 智慧物流大数据服务

罗计物流与交通运输部科学研究院合作研发“交通物流大数据平台”，实现了公路物流全景可视化分析，相关成果受邀参加世界交通运输大会，并做了专题展示。公司充分参与到交通运输部物流相关政策规划的研究制定，并参与了交通运输部“基于交易平台的交通物流大数据分析决策体系构建与应用”等相关工作。

交通运输部科学研究院和罗计物流共同开发的交通物流大数据分析与辅助决策平台，面向行业主管部门提供辅助决策的宏观可视化平台，为行业主管部门提供规划、标准、运输政策等辅助决策服务。

二、技术架构

罗计物流的系统平台全部构建于云端，并且积极采用成熟的云计算技术，通过对物流行业的业务建模，合理架构，形成了一套能够符合当前业务需求，支持大规模数据，并且可弹性扩展的生态支持系统。

罗计平台体系结构如图 16-1 所示。

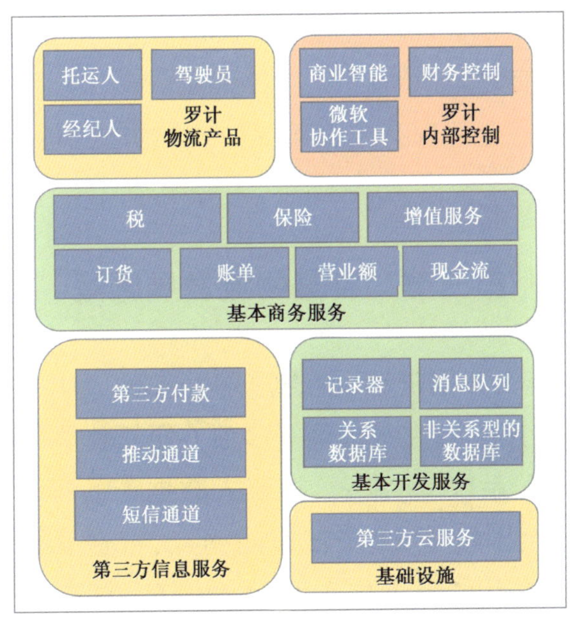

图 16-1 罗计物流系统平台结构示意图

为了更好地支撑业务生态，罗计物流的平台系统结构分为三层，分别是：基础服务层、基本业务逻辑层、业务应用层。其中基础服务层又分为信息推送服务部分和基本计算能力支持部分。

三、大数据平台特色

1. 成熟、稳定、灵活、计算能力可扩展的基础服务部分

使用成熟的第三方弹性计算方案，提升效率，保障稳定，计算能力灵活可扩展。其中，基础服务层提供基本的业务服务。罗计物流不独立构建最基础的系统架构。罗计物流采用第三方的 ECS 解决方案（弹性计算服务）作为自己的基础系统架构，并且在其上构建关系型数据存储、非关系型数据存储、信息队列以及日志服务。

2. 多家信息推送服务合作商，保证信息推动准确有效

在生态系统中，每个生态中的角色都会触及海量的信息，而且信息的产生是随机（满足泊松分布但是无法准确预测）的。因此，稳定且到达率稳定的信息推送

和通知服务就非常重要。

罗计物流的信息推送和支付选用成熟的第三方的 SMS 和 Push 解决方案作为基础设施，构建自己的业务平台。包括 4 条 SMS 互备通道和一条跨平台 Push 通道，确保信息推送准确有效。

同时，罗计物流支持全部现有主流第三方支付方式，包括支付宝、微信、银联支付。

第三节 智慧物流发展愿景

罗计物流依托物流大数据资源，围绕物流生态圈，为用户提供物流生态链增值服务，已上线驾驶员小额贷、在线加油等多项方便驾驶员的增值服务。

通过精准车货匹配系统、物流云、物流大数据产品打造罗计智慧物流解决方案的“天网”；通过全国覆盖 52 个城市的网点，打造罗计智慧物流解决方案的“地网”；通过近 200 万名车主位置和轨迹信息，打造罗计智慧物流解决方案的“车网”。三网融合，同时服务 N 条供应链，实现供应链的协同、集成，并为行业衍生服务，数据驱动，赋能供应链的每一环节。图 16-2 为罗技智慧物流解决方案。

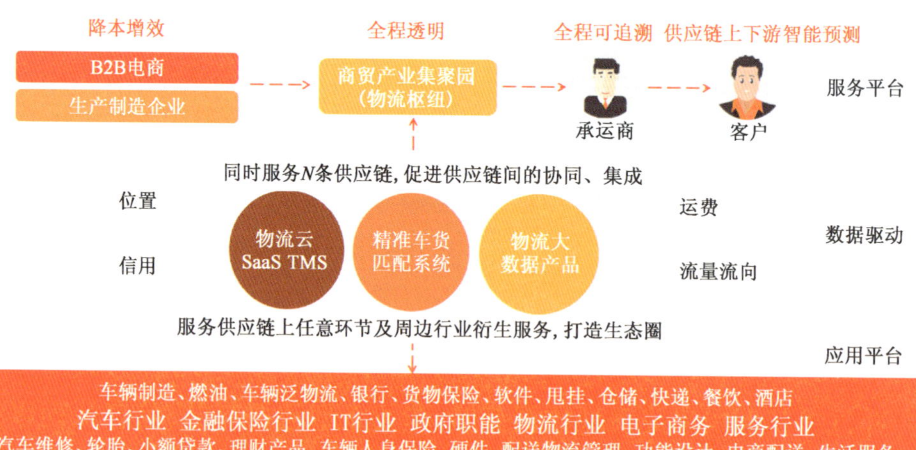

图 16-2 罗技智慧物流解决方案

第四节 实 施 效 果

一、针对制造企业的物流业务

1. 项目特点

物流系统陈旧;管理效率低下;承运商管理弱;线路多订单散;缺乏系统性规划;管理环节缺失。

2. 解决方案

TMS 重构全程订单管理;在线资源库匹配招标;整体物流解决方案定制。

3. 效果

订单管理 100% 透明;运输成本下降 10%;管理成本下降 8%;资源匹配度 100%;服务质量 100% 监控。

二、针对大宗物资平台的物流业务

1. 项目特点

大宗商品;回单签收返回;货值高;批量出货;车型需求不定;线路不固定。

2. 解决方案

标准化运营;集约化采购;透明化管理。

3. 效果

订单满足率 100%;运输成本下降 10%;准时到达率 99.5%;物流管理成本下降 15%;运营数据 100% 透明并可溯。

三、针对大型物流企业

1. 项目特点

整车运输服务;干线整车业务;门店整车业务。

2. 解决方案

全面系统对接;专职团队 24 小时管理;专职运力开发保障。

3. 效果

订单信息准确率 100%；管理成本下降 85%；订单响应及时率提升 45%；运输成本下降 7%；采购行为 100% 透明。

四、针对大型电商平台“双十一”临时项目

1. 项目特点

时间紧；需求大；资源缺；不确定性高。

2. 解决方案

某电商 11 月 10 日晚 22 点，要求 24 点到车；广州 85 台，武汉 110 台；“双十一”时车辆基本提前 10 天付款预定；线路货量业务类型虽提前不能确定，但仍能通过大数据预测来准备运力。

3. 效果

当晚车辆到达率 100%；次日 8 点车辆到达率 85%；需求满足率 100%；运作异常发生率 0%；成为中国最大电商平台“双十一”优秀服务商。

第十七章　运　满　满

第一节　运满满简介

运满满成立于2013年，隶属于江苏满运软件科技有限公司，是基于云计算、大数据、移动互联网和人工智能技术开发的货运调度平台。管理团队由阿里、工信部、普华永道、GE等高管及业内专家组成，有着深入骨髓的互联网基因。目前，平台实名注册重卡驾驶员390万名、货主85万个，日成交运单24万单，日撮合交易额约15亿元，员工总数接近2000人，业务覆盖全国315个城市。

运满满的商业模式简洁高效，即为货主和驾驶员提供实时信息匹配，在同一个平台上迅速实现车找货和货找车，从而大大减少了货运空载率、提高了物流运行效率。由于模式相近，运满满被业界称为“货运版的滴滴”。

在第三届世界互联网大会上，运满满在国内首次发布了基于人工智能的“全国干线物流调度系统”，实现了智能车货匹配、智能实时调度、智能标准报价、智能地图寻迹。运满满与世界银行和交通运输部共同举办了“一带一路”建设与物流发展国际研讨会，致力于打造“跨境运力调度智慧大脑”，展现中国智慧，输出中国方案，贡献中国力量。

未来三到五年，运满满将秉承“让公路物流更美好”的愿景，运用人工智能、无人驾驶、区块链等技术驱动，提供贯穿全产业链的线上线下服务，构建繁荣共赢的公路物流生态圈，打造世界级顶级综合性货运平台，推动中国公路物流行业全面进入无国界的高效互联互通和数字经济新时代。

运满满目前拥有两款移动APP产品，分为驾驶员版和货主版。驾驶员版直击货运物流空返率高、运力利用率低的痛点，构造人、车、货物流生态圈，为驾驶员提供高效智能配货服务，帮助驾驶员在全国范围内随时随地手机配货，减少空驶。货主版构建的精准车货匹配系统，为货主提供高效、精准、安全的发货服务，同时配备了动态、可视化的跟踪功能，以及行车评价服务，全面保证货物安全。

第二节　物流大数据应用情况

作为智慧物流信息平台，运满满通过互联网思维和信息技术优势，打破区域边界，服务整个社会，重构运输组织层，通过直接连接货主和驾驶员，运满满平台上国内重卡运力覆盖率超过了78%，货主覆盖率超过95%。目前，在运满满平台，每月产生100TB级别的海量数据，智慧物流信息平台企业记录积累了大量平台用户多维度的信息数据，如运输交易大数据，其中包括货类货值、运距运价、流量流向等，为智慧物流的建设奠定了基础。

作为互联网新业态企业，运满满认为数字经济时代下，互联网已经由手段、工具转变为基础设施，连接是根本，数据是核心，应用是关键。在这里拥有开放共享理念和跨界融合思维至关重要。发展数字经济智慧物流随之进入下半场，运满满要做物流领域Alpha Go，打造公路物流的互联网基础设施和公路物流生态圈，借助“一带一路”倡议实现积极走出去，引领智慧物流发展格局。运满满以平台的思维，将智能化调度系统向国内外货主、第三方物流公司和物流园区开放，帮助他们优化线上融合体系、线下实体布局，运满满整合优化物流资源，构建公路运输整车生态。此外，运满满将探索在“一带一路”沿线国家和地区，研发多语种国际版本APP，在关键节点设立公路运输数字化“驿站”，并与中欧班列、中阿班列和国际空运等合作，通过多式联运实现运力集散优化，打造跨境运力调度智慧大脑。

第三节　智慧物流发展愿景

智慧物流将大数据、云计算、人工智能、区块链、物联网等新技术融入物流活动全过程，降低了物流成本、提升了物流效率和服务水平。当前，智慧物流已不是停留在宣传和推广概念阶段，移动互联、云计算、人工智能、区块链等新科技，不断在领域内得到应用。我国智慧物流的发展水平与欧美发达国家经济体处于同期发展阶段,在创新业态、技术应用等方面居于领先位置。

无论“互联网 + ”还是“ + 互联网”,运满满认为在数字经济范畴下是殊途同归的,推动数字经济的路径选择就是互联网新技术和实体经济深度融合。认识到云网端、数据、场景的价值,数字经济的魔力就会在各个垂直领域全面体现。商流、信息流、物流、资金流对于数字经济至关重要,智慧物流将是数字经济的重要组成部分。《中国信息经济发展白皮书 2016》就指出:信息经济与商贸流通领域的融合发展,极大地促进了中国商贸流通体系的现代化转型。比如通过互联网等新一代信息技术的应用,促进了商品交易方式革命,创生了电子商务;通过物联网等新一代信息技术的应用,促进物流体系的革命,催生了智慧物流。电子商务与智慧物流共同推动了中国流通体系的第三次革命。智慧物流成为信息经济与商贸流通融合发展的重点方向。我国物流成本占 GDP 的比重略高于发达国家,公路运输市场极度分散,公路物流企业 750 多万户,而平均每户仅拥有货车 1.5 辆,90% 以上的运力掌握在个体运营驾驶员手中。实际操作中的层层外包,存在空载行驶、迂回、服务水平不高等问题。发展智慧物流,成为推动我国流通业现代化转型和提升制造业竞争力的重要举措,是推动供给侧结构性改革的重点方向。

基于此,运满满坚定认为,未来以智慧物流信息平台为基础和支点,以数据为战略性资源,将广泛集聚国内外技术、资源和人才,并加速跨界融合,实现商业模式的不断创新和用户体验的不断优化,推动包括电子商务在内的贸易增长,促进数字经济发展。

第四节　大数据实施效果

运满满在成立之初就十分重视平台信用体系的建设,4 年来,不论是在驾驶员用户端还是货主用户端,运满满都力求通过更加规范、更加科学的措施,为平台用户营造一个健康有信的货运物流生态环境,构建的公路货运生态信用体系,成为交通运输行业信用体系建设的实践代表。平台通过交易行为大数据沉淀,驾驶员、用户的双发互评等数据进行信用画像,以沉淀用户信用积分及黑、白名单等方式反映信息结果,并形成基于信用的普惠金融、保险等应用场景。目前平台已有 1380 个货主、12099 个驾驶员进入黑名单,占平台注册货主的 0.16% ,占平台注册车主的 0.31% 。运满满大数据诚信体系建设架构图如图 17-1 所示。

图 17-1　运满满大数据诚信体系建设架构图

诚信排名：根据以上信用评级维度进行先后排名和分类管理，第一级是优质客户，平台会优先匹配优质运力，最差的劣质客户级别，将逐渐被平台衡量淘汰。信用度越高者，成交效率更快。

信用信息评级的展示与查询：交易双方可以在系统中分别查询对方的信用分级、以往成交记录、评论点评、信用行为记录等。如果需要看到完整信息，需经过被查询人授权，以保护隐私。传统征信与互联网大数据征信对比如图 17-2 所示。

比较维度	传统征信	互联网大数据征信
数据来源	• 以财务数据为核心的小数据定向征信 • 来源于授信机构、供应链及交易对手	• 非定向的全网获取 • 数据海量化、维度广
产品服务	• 产品种类少、即时性较差 • 获取不够便利	• 产品更为丰富、提供更为即时、有效 • 获取便利
技术方法	• 单维度收集整理、人工为主 • 分析以财务数据风控为核心	• 多维度分析 • 互联网大数据分析
评价思路	• 用历史信用记录来反映未来信用水平	• 从海量数据中推断身份特质、性格偏好、经济水平等相对稳定的指标，进而判断信用水平
分析方法	• 线性回归、聚类分析、分类树等方法	• 机器学习、神经网络、RF等大数据处理方法
应用场景	• 企业应用场景较少 • 个人应用非常多	• 应用场景更加广泛，用户更加多元，需求多元

图 17-2　传统征信与互联网大数据征信对比

运满满与保险公司合作，基于平台积累的大数据建立了征信数据，通过建模开发了适用于货车驾驶员的个性化保险种类，如鸽子险（货运放空险）等。与保险公司合作为货车驾驶员定制险种如图 17-3 所示。

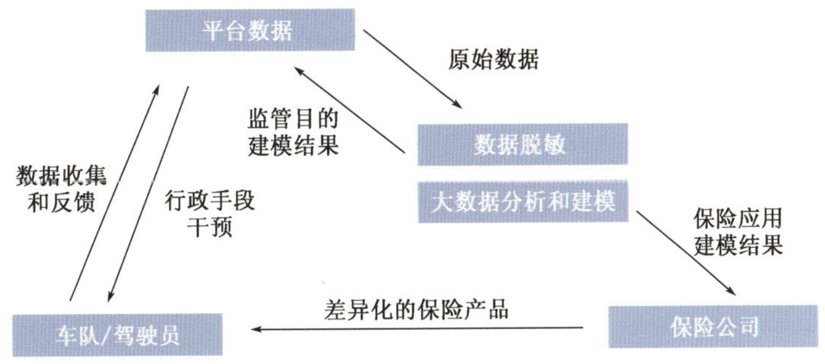

图 17-3 与保险公司合作为货车驾驶员定制险种

第十八章　货　车　帮

第一节　企业简介

贵阳货车帮科技有限公司创立于2008年，致力于重构中国公路物流产业生态，做中国公路物流的基础设施，带动整个物流产业链上下游协同发展。公司总部位于贵阳经济技术开发区，并在成都设有技术研发中心，在上海设有金融中心，在北京设有产品中心。多年来，公司以特色经营为基础，以服务满意为保证，着力打造中国最大的公路物流信息化平台。

2015年10月，公司成功完成全国公路物流信息网的全覆盖，打造出一张全国公路物流货源信息网，正式成为中国公路物流互联网产业的领军企业。截至2017年7月，平台每日发布货源信息超过500万条，汇聚诚信认证车辆会员超450万、诚信认证货主会员超88万，日均促成运费交易额超60亿元，全国线下服务网点超过1000家，员工人数3000人。

第二节　物流大数据应用情况

贵阳货车帮科技有限公司经过多年的精心运营，平台上积累了海量的数据信息，截至目前，平台上的数据规模为10+PB，现在数据量每天仍然以20+TB的数据在快速增长。海量的数据蕴藏了大量有价值的信息，货车帮通过大数据技术对海量的数据进行清洗、处理、挖掘，并将其应用在业务运营以及公司日常管理的各个方面，其中主要的数据应用架构示意图如图18-1所示。

图 18-1 主要的数据应用架构示意

一、大数据 + 车货匹配

车货匹配作为货车帮最核心的业务，核心解决了驾驶员找货、货主找车的问题，其匹配的精准度以及匹配效率成为影响用户体验最核心的要素。为了提高车货匹配的精准度与车货匹配效率，货车基于海量数据分别构建了用户画像与数据大脑，为车货匹配业务服务。

其中在用户画像服务中，货车帮基于海量的数据，分别构建了驾驶员、货主、车辆、货源的画像服务，分别从基础属性、行为特征、商业属性、兴趣偏好、统计属性五个维度去分析用户、认识用户、描述用户、了解用户，不断地根据最新的数据去更新用户的特征，并将用户的重要特征信息提炼出来为上层人工智能应用AI——“数据大脑”服务。

“数据大脑”作为货车帮人工智能 AI 应用的一部分，会结合驾驶员当前的情况，并根据驾驶员的画像数据对驾驶员的找货需求进行意图分析，分析出驾驶员当前最有可能感兴趣的货源特征情况，与此同时，“数据大脑”还会根据货源的基础特征、货源的动态特征、货源隐语义等抽取出来各类相关因子，并结合驾驶员、货主、车辆的画像数据以及业务运营的规则，采用各类数据挖掘算法分析出单个驾驶员对每条货源的感兴趣程度，并根据感兴趣程度的不同为驾驶员推荐不同的货源，最大程度上提高其找货效率。

为了更好地掌握全国公路物流的变化情况，实时监控货源成交、运力分布等情况，货车帮联合阿里云发布了“全国公路物流指数”平台，平台会实时监控整个公路物流货运的变化情况：

(1)监控货源的流向、成交以及分布等情况；

(2)监控运力的分布以及运力种类的分布。

在后续的车货匹配业务当中,货车帮会利用大数据技术以及对历史数据和货主—驾驶员的互评数据的分析,对数据进行匹配过滤和降权分析处理,保证匹配的货主、驾驶员和货源的质量,让高大上的AI“落地”,助力行业诚信体系的建立。

二、大数据+货车金融

货车驾驶员是中国公路物流运力最重要的组成部分,在平常的物流场景当中,货车驾驶员经常需要准备大量的现金去支付油费、过路费等情况,货车帮基于货车驾驶员这个痛点,专门为货车驾驶员推出了金融信贷业务,根据不同驾驶员的情况分别为驾驶员推出不同的信贷产品。

在货车帮大数据基础平台的支撑下,货车帮专门为金融信贷业务构建了风控体系,并结合用户画像服务从申请、授信、借贷、还款、追踪等各个方面进行的管控。

首先,在用户画像服务当中,货车帮基于驾驶员的GPS记录、拉货记录、ETC充值记录、ETC消费记录、借贷记录、还款记录等,建立货车驾驶员的收入评估模型,评估出货车驾驶员的收入、消费等情况,再结合驾驶员的征信情况,对货车驾驶员进行授信操作,并根据评估模型的结果,授予、提升或降低其信贷额度。

除此之外,在整个过程当中,货车帮会根据驾驶员的ETC消费、拉货信息以及GPS信息等进行挖掘与分析,并结合数据的变化情况评估驾驶员的当前状态,为此建立预警模型,根据驾驶员的状态判断驾驶员的还款能力是否受影响。

第三节　智慧物流实施愿景

就中国公路物流现状而言,智慧物流的构建任重而道远,但是智慧物流的建设确是符合物联网发展的趋势,对企业、整个物流行业乃至整个国民经济的发展具有至关重要的意义,整个智慧物流的可以从以下几个方面去体现。

一、信息化及标准化

信息网络是整个智慧物流体系的基础,整个智慧物流体系里面的任何一个指标都需要依赖于完整的信息支撑,没有准确的信息为基础,整个智能物流体系也就无法发现问题、解决问题。

随着物联网技术的快速发展,可以运用各种感应器、RFID 标签、制动器、GPS 等设备实时获取公路物流当中的运输、仓储、包装、装卸、配送、信息服务等各个环节中的大量的数据信息。但是由于整个物流行业的所涉及的环节以及参与人员众多,所以需要建立一套信息采集标准来规范物流企业里面的数据采集以及存储情况。

二、智能调控

海量的数据信息采集规整处理后,如何从海量信息里面提取有价值的信息并为决策作重要的数据支撑,体现在整个公路物流产业中涉及的智能分析场景。其中每个场景都需要有完整的数据以及大数据分析技术作为支撑,如对运输过程的跟踪,路径的行为及规划;仓库的选址建设、库存管理、提高仓库的利用率;配送当中如何实现货源与运力的合理快速精准匹配;运力的调度与管理等应用场景。

信息网络为智能分析提供了海量数据的基础,通过大数据分析及挖掘技术,对公路物流产业里面的资源进行重新整合,并结合实际的应用场景对资源进行智能调控,加强资源的利用率,提高公路物流的运输效率,其中的核心点在于:资源整合以及资源调度。

第四节　大数据实施效果

数据作为货车帮的核心资产,其产生的重大价值可以通过以下方面提现。

一、大数据 + 车货匹配

货车帮通过构建完善的用户画像体系以及高效的“数据大脑”,其车货匹配效率大幅度提升,效率整体提升超过 10 倍,并且随着车货匹配效率的大幅提升,驾驶员与货主的在平台上的活跃程度,货源成交比例也有大幅提升,截至 2017 年 8 月,平台每天新发布的货源超过 500 万条,每天促成的交易总金额高达 60 亿元。

二、大数据 + 货车金融

货车帮与贵州、陕西、内蒙古、江苏、广西等全国众多高速公路合作方发行 ETC 卡超过 100 万张,成为中国最大的货车 ETC 代理发卡方。每天的充值金额峰值超过 9000 万元,今年资金流量将超 200 亿元。为缓解货车驾驶员在运营过程中资金短缺的燃眉之急,货车帮与金融机构合作开展货车 ETC 信贷业务(货运小额贷款业务),目前签约用户已累计超 20 万户,实现日均放款超 1000 万元,累计发放贷款 20 亿元。

三、大数据+用户管理

货车帮自从千里眼数据平台上线以来,员工每天的业绩行为信息都可以即时追踪,员工的工作业绩完成情况从 64.5% 也大幅度提升至 87.7%。通过大数据平台自动分析出来需要回访和维护的用户,将其自动推荐给员工的手持终端,让员工的工作有效性从 61.2% 提升到 83.9%。

四、大数据+保险

货车帮目前与太平洋保险、华泰保险合作开展保险代理业务,针对货车驾驶员推出保货损赔偿责任和因货损导致的运费损失保险。在用户画像系统的精准推荐下,推出短短一周的时间,即承保了超过 1700 亿元的货物价值,预计到 2017 年底保费规模将达到 1.5 亿元左右。

五、大数据+油品经营

货车帮通过构建“天网”项目,直观地展示驾驶员、加油站等热力分布数据,并利用该数据为新型物流园区进行选择。构建并且确定合适的合作方,加油站业务已经与中化集团开展油品合作项目,利用中化集团在国内成品油分销与零售网络初步形成了覆盖华北、华东和华南市场布局的优势,建立加油站生态圈,与车辆后服务市场紧密联合,延伸车主的消费链条,打造车主生活驿站,在货车帮新型数字物流园中全面实现一站式体验。目前双方已经有近 100 座合作油站上线。

第十九章 衡缘物流

第一节 公司简介

湖南省衡缘物流有限公司是一家经营第三方物流业务,致力于物流与商贸融合发展的民营企业,创建于2010年,注册资本25066万元。公司现有从业人员452人,各类专业技术人员89人,中高级职称45人。公司主营物流园区开发、产业园开发、产业培育孵化、物流服务、物流信息、货运代理、仓储理货等物流相关业务,是中国物流与采购联合会会员单位、湖南物流与采购联合会副理事长单位、湖南省质量信用AAA级企业。公司先后荣获AAAA物流企业、ISO9001质量管理体系认证、衡阳市农业产业化龙头企业、中国五星仓库、中国仓单质押业务优秀管理单位、中国仓储服务金牌企业、2015年度湖南省"物流行业综合实力二十强企业""衡缘云仓储"湖南名牌产品、2015年度全市商务和粮食经济工作先进企业、2015年度纳税先进单位、全国交通运输行业重点联系物流园区(企业)、省级同心园区等荣誉称号。

第二节 大数据应用情况

公司信息化大数据平台基于实际业务需求研发,包括"两中心,三平台",其中,"两中心"是指仓储配送中心和一卡通结算中心;"三平台"是指众运联盟无车承运管理平台、麦田阳光电商平台和城乡智慧快递分拨物流平台。

众运联盟无车承运人大数据平台为广大货主与承运人提供一个集"价格" +

“时效”+“真实”+“安全”四位一体的直营式物流运力交易电商平台。

1. 为货主带来的益处

(1)价格方面:通过平台车辆竞价,免去中间环节,降低运输成本。

(2)时效方面:通过平台海量车源,经过云计算技术及核心算法能够第一时间实现车货的精准定位与智能匹配。

(3)信用方面:通过平台严格的资质审核机制和保证金制度,承诺所有车源信息真实、准确、可靠。

(4)安全方面:与保险公司紧密合作创建货运电商保险机制,为用车人承诺运输过程的货物安全与意外赔偿;平台业务管理系统及客服中心帮助平台实现管理流程与运输过程的可视化,对整个运输过程的管控、服务、运费结算实施一体化管理。

2. 为承运人带来的益处

(1)价格方面:提供有价格竞争力的货源信息。

(2)时效方面:通过平台海量货源可在途预约货物或直接接单,免除到停车场找货的烦恼,节省找货时间。

(3)信用方面:通过平台严格的资质审核机制和保证金制度,承诺所有货源信息真实、准确可靠。

(4)安全方面:与保险公司紧密合作创建货运电商保险机制,提供运输过程中货物保险与意外赔偿;见回单商定时限内现款结算、数据透明、全程护航。

3. 众运联盟平台优势

(1)完美生态:深度链接发货人、物流公司、驾驶员、收货人;同一平台、统一口径管理;众运联盟引导物流系统逐渐演化为完善生态圈。

(2)资源掌控:众运联盟平台提供云平台模式服务,平台中的车源、用户都是通过大客户熟交易积累起来的,运力稳定可靠;同时能够形成行业上下游客户链条,为客户带来新的业务量;另外,平台中掌握的港口资源也能够为客户提供更多的货物运输、货物中转路线的选择。这些资源为业务发展提供了有力保障。

(3)互联网+货物运输:利用云计算及大数据支撑,“互联网+物流”创新模式,将物流电子平台与物流承运服务结合,整合物流公司、物流车辆、有效组织动力资源,快速反映运输需求,提高运输效率,提升服务质量。

(4)金融衍生服务:为在线物流生态圈的各个角色提供金融衍生服务,如:在线保险、在线支付、在线担保等服务。提供增值服务、加强用户黏性,持续发展。

4. 众运联盟平台建设特色

(1)功能免费、平台共享

平台整合现有优秀互联网产品功能,为货主与承运人提供抢单、团购、朋友圈、语音服务等各种功能应用。除此之外,平台还引入线下"竞价模式",让货主与承运人在线上可以讨价还价。

我们的平台对外共享,支持其他优质物流公司成为互联网模式下的平台承运服务人,通过平台进行竞价并签订物流运输合同,提供物流承运服务。

(2)剔除中间环节,确保效益最大化

众运联盟整合了大量优质物流公司、散车车主等的货源车源信息,并通过大数据及云计算支撑,进行精准发布与推送。众运联盟作为平台承运服务人及直营式物流运力交易电商平台,实现货主车主点对点交易,没有中间代理环节,确保双方效益最大化。

(3)信息翔实,安全可靠

平台开放式的会员纳人体系及严格的资质审核机制,确保平台推广的同时保证所有车、货信息的真实与可靠。

(4)全程保障,无后顾之忧

众运联盟履行"平台承运服务人"角色,针对物流从交易到交收闭环的各个环节,对存在的风险点通过特定技术方案进行管控,负责整个运输过程的跟踪、调度、监控及运费融资、协调与结算;除此之外,平台与保险公司紧密合作创建保险机制,为货主承诺运输过程的货物安全,提供意外赔偿。

5. 强大权限管理

平台在应用方面采用的多组织、多权限、多角色设计,严格进行权限管理,在提供 PC 终端功能强大、页面美观应用的同时,也提供界面简化、操作便捷的手机 APP 应用。

通过众运联盟无车承运公共平台的货运大数据支撑实现车货信息智能匹配、实现物流行业资源的高效整合、有利于降低物流成本,减少车辆空载率,达到公司与企业货主、运输公司、物流公司、三方货代、私人车主等之间搭建起高效沟通的桥梁,大大提高了供应链上信息传递的效率。

第三节　智慧物流发展愿景

一、将衡缘物流园打造为全国重要物流节点

围绕衡缘物流中心建设成为华中地区物流中心城市的战略定位，运用智慧信息化平台的智能技术，以大宗物资、矿产品货物为特色，建设“大交通、大物流、大辐射”，重点依托“衡缘模式”开展城市共同配送、汽车整车储运与零部件配送、公铁联运、金融物流、流通加工等业务，将衡缘物流建设成横跨商业、物流业、工业等多个行业，服务周边区域，辐射长株潭城市群及至全国的重要物流节点。

二、推广全国铁路物流园区“公铁联运”新模式

依托衡缘物流信息化平台的建设，结合铁总的全国物流园区规划，园区业务将涵盖冷链物流、仓储配送、集装箱物流、商品汽车物流、电商快递物流等多种服务功能。开展智慧信息化平台结合物联网、云计算、大数据以及手持终端、RFID等智能化技术设备的使用，运用并推广公铁联运的全国铁路物流园区的大数据分析平台。

第四节　大数据实施效果

物流在信息化的手段进行整合下，将传统的纸质单据升级为电子化的单据，易于存储、传递，避免过去单据丢失的问题。在大数据领域，可以将物流数据化，进行商业分析，思考整个行业改进的可能。

借助大数据平台力量，进一步整合线上线下资源，形成集约化、更优化的路径，更加自动化、标准化的操作。大数据平台能够清晰统计出各地区的交易总额、年吨量走势、月度运单量、实时运单量、年吨量、年体积等数据。

第二十章　四川金石合创集团

第一节　企 业 简 介

四川金石合创实业集团股份有限公司(四川金石合创集团)是一家专业致力于物流产业投资、建设、运营的综合性、开放性实业集团。围绕“成为物流园区投资营运专家”的愿景,创新“民营资本投资铁路和海关特殊监管场所等公共基础设施”的投资模式,以自主研发的信息平台串联园区管理业务,以银企合作的物流金融产品集聚园区企业发展,打造了以开发建设中心、运营管理中心、信息管理中心、金融投资中心和战略研究中心五大中心为支撑的物流园区标准化、一体化运作体系。集团投资30亿元打造的西部铁路物流园项目,占地1527亩[1],是遂宁市十三五规划项目,四川省重点建设项目,也是四川省“中欧班列”的重要节点,建成后是遂宁及周边100km范围内唯一具有口岸功能的公铁联运综合性物流园区。

第二节　物流大数据应用情况

顺应互联网、物联网技术的快速发展,创新“物流+信息+金融”的融合发展模式,集团下属公司四川启明合创科技股份有限公司已独立开发上线“途络综合物流信息平台”,并应用于集团自主投资建设的西部铁路物流园。以基于物流资源整合的思维推动O2O、TMS、WMS等系统大数据挖掘与分析,并在平台上融入物

---

[1] 1亩 $=666.67m^2$。

流金融产品和服务,实现供应链全产业链的生态闭环。同时基于 TD-LTE 网络构建园区无线解决方案,建立安全、高速、双向、实时、集成的通信传输系统,实现设备、车辆、人员的可视化、智能化管理。“途络综合物流信息平台”从交易和管理两方面的大数据应用实现了商流、物流、信息流、资金流的四流合一。

途络物流信息平台致力于构建先进的一体化智能物流整合平台,基于 SaaS 信息化管理平台,提供物流 O2O 服务、物资采购服务、TMS 运输管理系统、WMS 仓储服务系统、供应链金融服务等综合性物流及配套服务,充分满足客户对物流仓储、采购、金融等环节的需求,享受一站式的客户服务体验,形成可靠的物流诚信运营体系,建立闭环的物流生态圈。

(1)物流 O2O 服务:支持货物运输需求方发布运输需求,承运方发布线路或车辆信息,通过系统智能化匹配信息推送方式,促成货运需求为与承运方在线快速达成运输交易,减少用户寻找货源或运力的效率及匹配度。

(2)物资采购服务:全方位在线展示供应方商品信息,实现货物在线采购、货款结算,并无缝对接快递及物流平台,实现大宗货物一站式采购及物流服务。

(3)仓储管理系统(WMS):控制并跟踪仓库业务的物流和成本管理,实现企业仓储信息管理。在出入库、移库、调拨、退货、盘点等环节,确保数据采集及时精准。支持多仓库、多货主、多批次等管理纬度,并实现人员的管理分工。支持全程扫码作业,准确采集和传递信息,建立可视化库存现状。同时可根据库位分布、货物类型与现状生成最优作业指导,提高仓储作业效率。提供多种类型数据接口,与 ERP、OMS、TMS 系统对接,实现系统间信息共享。

(4)运输管理系统(TMS):为零担/整车的公路运输企业、第三方物流企业、储运一体化运输企业服务。对运输环节申运单录入、配载、收、发、到、派、签收、回单进行管理,形成业务闭环。对用户的运力资源、客户资源有效管理和维护。记录整个业务数据及过程信息,可统计分析,便于管理及制订相应计划。同时 TMS 系统可与 WMS 系统对接,制订仓储计划和管理相应信息,便于仓储筹备及管理工作。通过系统智能化制定线路、配载等,减少人工临时计划,提高效率。

(5)供应链金融服务:供应链金融服务是途络平台顺利运作的重要环节,贯穿整个途络平台系统,为需要金融服务的各个系统模块提供服务,促进现量优质流动资产的流通,实现资金和货物流通闭环,降低流通成本,提升流通效率,确保交易安全的产业价值链服务体系,以此推动整个物流产业链的升级转型,形成良好的金融生态体系。

第三节　智慧物流发展愿景

一、围绕园区的产业集聚

(1)以物资采购系统、物流 O2O 系统等输出的数据为支撑,分析地区内主要货物种类及贸易量,从而获得遂宁市及周边地区工业产业分布情况。将此数据与物流港管委会进行共享,融入产业城市规划中,引导优势产业围绕园区进行布局,形成制造业和物流业互相反哺的局面。

(2)以 TMS 运输管理系统和 WMS 仓储管理系统等输出的运量和库存数据为支撑,分析出工业企业的荣枯周期,区域经济运行周期。从而指导生产企业合理调整生产计划、备货计划,从物流数据角度出发保证供应链整体安全。

(3)通过智慧物流信息平台指导城市共同配送仓库及社区便利店的布局。园区目前已经入住四通一达等快递企业,通过 TMS 和 WMS 数据的共享,获得遂宁市居民快递数据的主要流向分布。根据主要货物的集散情况,围绕主城区设立多个城市共同配送仓库,提高城市配送整体效率。探索建设城乡物流运转体系及商品供应链一站式服务与管理解决方案,发展三四线以下城市及广大农村市场,运用互联网平台缩短城乡距离、将物流服务延伸到广袤的农村市场,构建连通城乡、服务三农的生态智慧型物流服务体系。

二、围绕平台的物流企业生态

(1)以智慧物流信息平台经营数据为支撑,建立企业用户信用等级考评机制。以企业用户信用等级为基础,开展面向中小物流企业的金融服务,如“融资租赁”“仓单质押”“应收账款质押”“保险”等。降低企业融资和经营成本,实现资金和货物的流通闭环,保障物流产业的资金链安全,形成良好的金融生态体系。支持区域内中小物流企业做大做强。

(2)基于园区管理信息平台构建园区无线解决方案,基于 TD-LTE 网络,建立安全、高速、双向、实时、集成的通信传输系统,使信息更快捷地在各方流动,从而实现货物仓储、运输的自动化、信息化、智能化,同时提高物流交易的效益,降低企业物流成本;对于园区自身的管理,可以通过系统完成考勤、安防、巡更、应急处理、监控、信息网络延伸等功能。

三、以物流大数据支撑区域应急救援体系

(1)未来平台汇聚了海量的物资生产、仓储、物流等各环节的全流程数据,这些数据不仅仅可以提供决策辅助,还能通过数据挖掘进行灾害预警和挖掘变现等功能。通过深入挖掘平台集成的灾情数据、气象信息、救灾情况等数据,实现突发公共事件的预测预警、信息报告、先期处置等功能,缩短从灾情感知、信息辨识、信息分类到确定灾情的过程,由大数据分析提高预警预报的准确度,驱动预警信息时效性,及时发布灾情预警信息和社会稳定引导信息。

(2)物流信息平台具备整合路线、存储道路信息的功能。在平时的物流业务运营中会积累西部地区大量的道路信息,尤其是川西地区除主要国道、省道以外的县道、乡道等支线道路网络。通过与国家应急物流信息平台的对接,结合西部地区自然灾害频发的特点,在灾害发生造成部分主干道损坏或拥堵时,可以及时地找到运输替代路线方案,从而为应急救援提供支持。

第四节　大数据实施效果

由于途络物流信息平台对物流全产业链的推动作用,截至 2016 年底围绕物流园区的上下游企业集聚发展局面基本形成,各类入驻企业 118 家,其中区域物流和快递企业 52 家,大宗物资加工贸易企业 17 家,商贸企业 48 家,创业服务载体 1 家。顺意通和余氏东风等知名地方物流企业、"四通一达"等国内知名快递企业、阿里巴巴农村淘宝、苏宁易购等均已入驻园区。2016 年入驻企业日均发货量超过 700t,年发货量超过 25 万 t,发货总值超过 80 亿元;快递日均派单量超过 4 万单,年总派单量超过 1400 万单。

2016 年 1 ~ 12 月在遂宁海关报关的对外贸易进出口总值为 4.8 亿元人民币,占遂宁对外贸易进出口总值 17.81%。其中出口总值 1.42 亿元;进口总值 3.38 亿元。集团下属公司四川瑞科达物流信息咨询服务有限公司公用型保税仓库发展态势良好,业务量同比激增近 5 倍,进出库货物总值达 7300 万元,仓储使用率超过了 50%。

2016 年西部铁路物流园"以物流拉动地方经济、打造城市物流名片"的作用再次得以展现。全年园区主体实现纳税超过 1200 万元,直接就业人口超过 200 人;带动入驻园区企业实现纳税超过 800 万元,直接就业人口超过 1000 人。国际

大型展会“第三届中国国际物流发展大会暨第四届中国(四川)国际物流博览会”于 2016 年 11 月在园区顺利召开。

随着大数据应用的深入、供应链金融产品的上线以及铁路专用线的开通，预计 2017 年新增铁路货运量 100 万 t，同时带动园区入驻企业货运量和遂宁海关报关量的持续上涨。预计 2017 年园区日均货运量超过 3500t，总货运量超过 130 万 t，发货总值超过 150 亿元；遂宁海关实现进出口申报总额超过 5.5 亿元人民币，增长率超过 15%。园区主体纳税 1500 万元，解决就业人口 400 余人，带动入驻企业纳税 1200 万元，解决就业人口 3000 余人。

第二十一章　传化陆鲸和易货嘀

第一节　企 业 简 介

传化是一家总部位于浙江杭州的民营企业，创立于 1986 年，经过 31 年的发展，现已成为涵盖化工、物流、农业、科技城、金融投资等五大事业板块，市场覆盖全球 80 多个国家和地区，员工 16000 多人，3 家上市公司，资产超 300 亿，市值超 600 亿，年盈利达 20 亿，年上缴税金 15 亿，横跨一、二、三产业的多元化、现代化、综合性大型民营企业。

传化专注制造 31 年，在实践中我们发现中国制造转型升级艰难根本原因是缺乏与之高效匹配的生产性服务业。随着大数据、云计算、人工智能、物联网等技术的推进，传化在公路港城市物流中心的基础上，以“物流 + 互联网 + 金融”的方式，正在打造覆盖全国的“传化网”智能物流平台：线下是分布全国 170 个城市的公路港城市物流中心；线上有陆鲸和易货嘀两款产品；贯穿中间的是由传化打造的智能物流系统、云仓系统和支付系统。最终，通过为中国 470 万 km 的公路港建设运营系统，为城市、城市群以及行业提供智能物流服务，形成供应链闭环生态圈，实现中国公路物流全网调度、全网指挥，构建中国物流新生态，引领生产性服务业发展，服务中国制造转型升级。

未来传化的目标是大力发展以物流为战略核心的生产性服务业，实现从生产制造向生产制造与生产性服务业协同发展的全面转型，共同推动中国服务与中国制造的互促共进。

第二节　物流大数据应用情况

传化智联大数据的核心价值就是沉淀产业大数据，优化社会供应链。目前，物流大数据已应用于传化智联产业生态的各个方面，并已形成多项竞争优势。

1. 立足城市物流中心，建设智能云仓，成为行业"生产端到流通端"全过程的供应链基础设施

传化一方面在为各个城市建设智能城市物流中心，实现智能仓储和智能集配，成为一个城市和城市群的物流枢纽。与此同时，传化立足城市物流中心，通过信息化的手段把分散在城市各处的仓库连接和协同起来，形成分布式仓储网络。结合仓库作业策略、订单交易、智能设备应用等，改善仓库管理效率，提升库存管控策略，实现全网多仓协同与调度，并通过链接社会化的仓储，为客户提供共享的全国仓配网络。最终，服务上游企业科学安排库存生产计划，服务下游企业共同配送，服务制造业企业生产效率的提升。

传化云仓服务架构图如图 21-1 所示。

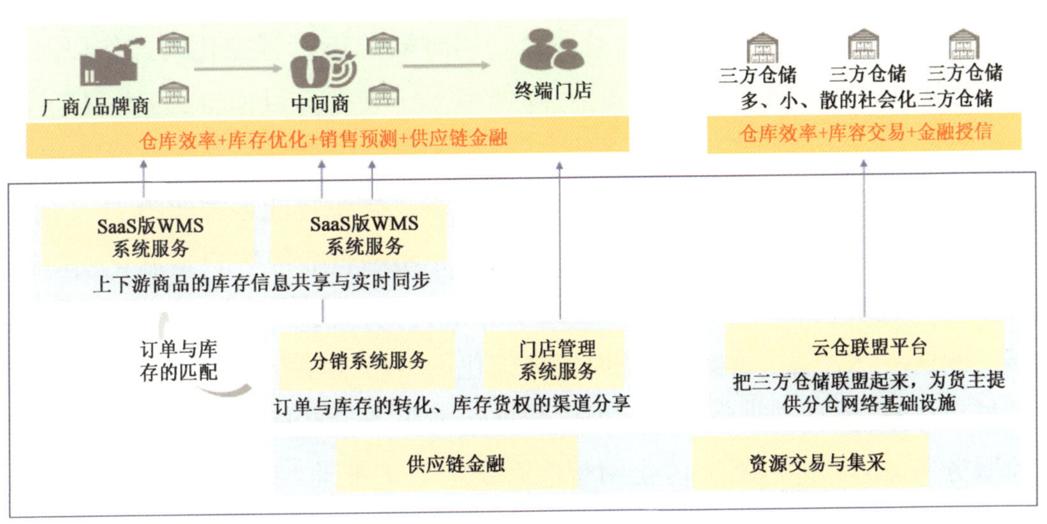

图 21-1　传化云仓服务架构图

智慧云仓业务架构图如图 21-2 所示。

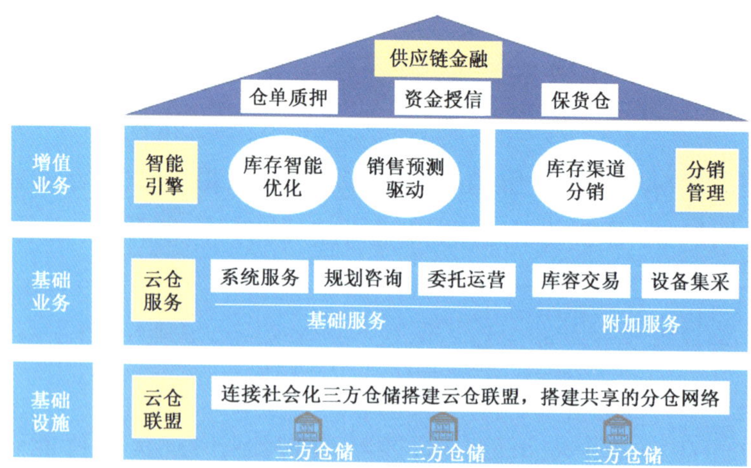

图 21-2 智慧云仓业务架构图

2. 打造城际干线 + 同城配送的互联网货运调度平台,大力发展互联网物流业务

传化围绕陆鲸和易货嘀两大产品,大力发展互联网物流业务。

陆鲸定位于城际干线运力线上调度指挥平台,聚焦"智能调度""车后服务""车队管理"三大业务。货主在陆鲸上发货,驾驶员在陆鲸找货,解决运输中的货运双方供需问题。逐步实现与遍布全国的传化公路港城市物流中心及合作物流园区互联互通,深度共享车源、货源及车后服务资源,全力推动线上找货、找车、支付、团购、结算、在途智能管理,线下配货、停车、住宿、餐饮、加油、维修,实现对制造业及其服务企业物流 O2O 服务的全场景覆盖。同时陆鲸还以智能化的操作以及"放心付"担保为基础保障双方交易安全,降低卡车空驶率。目前,已经覆盖全国 26 个省份和直辖市共计 227 座城市,平台上沉淀了超过 110 万的驾驶员会员和超过 10 万的货代会员,已成为行业当之无愧的领先者。陆鲸智能运力如图 21-3 所示。

易货嘀定位于同城货运调度平台,聚焦"KA-SDS 企业级客户定制化供应链解决方案""小豹货栈仓配一体服务""31131 标准化整车服务"三大业务。为客户提供城市配送一站式解决方案,打造出了全国化的城市末端配送网络。易货嘀打造基础城市运输,为制造业公路运输提供精准运力服务。易货嘀是基于传化制造业物流服务实体公路港网络和传化网智能系统之上来推动"互联网 + 智慧物流"模式的发展。"互联网 + 智慧物流"的关键在于能够提供全链条的"交钥匙工程""交钥匙工程"正是易货嘀基于城市配送行业的不同行业、不同客户、不同需求提供的分行业的整体解决方案,即为客户提供"仓储 + 保理 + 物流配送 + 交付 + 代收 + 支付结算 + 保险报价"的全链条服务。截至 2017 年 6 月,易货嘀已经覆盖 28

个国内枢纽级主要城市，网罗了超过7万的驾驶员会员。易货嘀作为业内首家合法身份的城市网约货车平台，已服务数十万家小微企业及部分企业级客户。图21-4为车货匹配应用易货嘀。

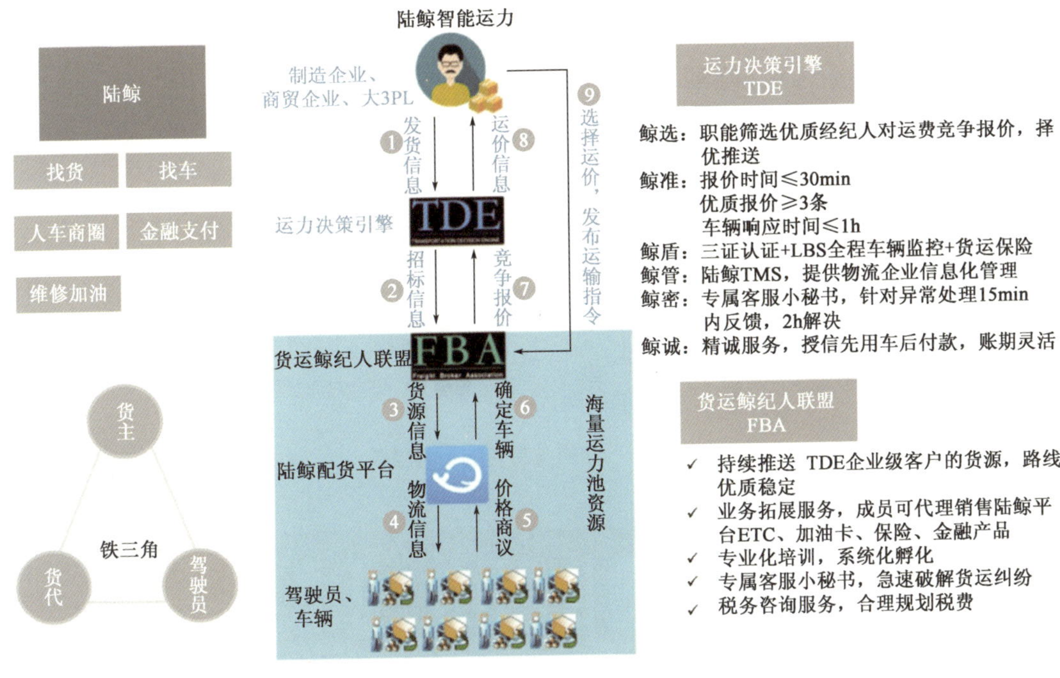

图21-3　陆鲸智能运力

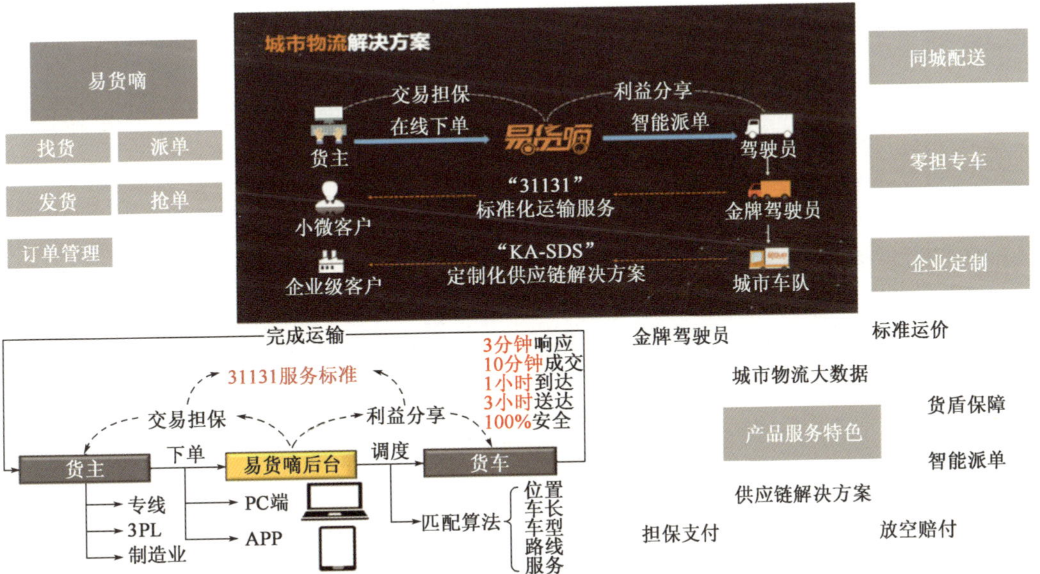

图21-4　车货匹配应用：易货嘀

通过陆鲸的干线运输服务体系，把所有调度中心连接起来，整合易货嘀打造的基础城市运输“互联网 + 物流”服务模式，聚力为制造业运输提供精准运力服务、提供“一单到底”的便捷物流服务。图 21-5 为陆鲸与易货嘀聚力服务。图 21-6 为传化“互联网 + 金融”体系。

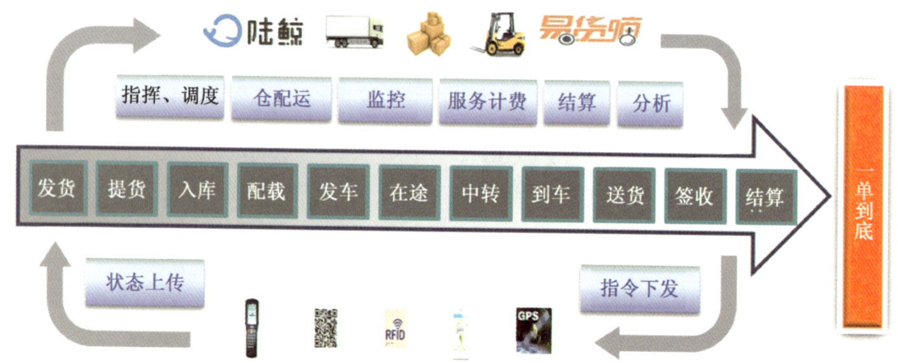

图 21-5　陆鲸与易货嘀聚力服务

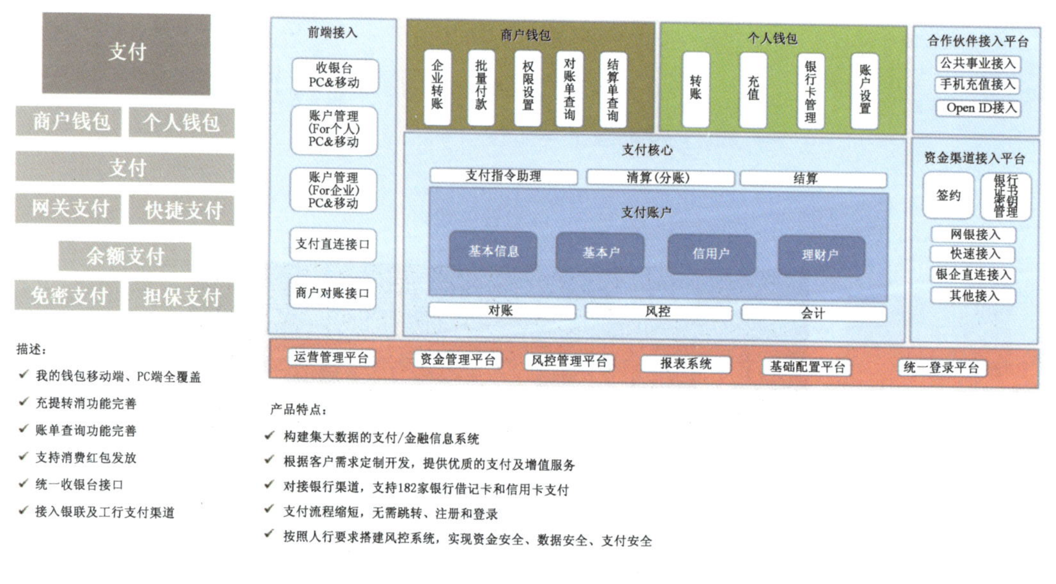

图 21-6　传化“互联网 + 金融”体系

第三节　智慧物流发展愿景

1. 以资本与资源为纽带，凝聚行业力量，打造智能公路物流新生态

传化智联将以资本与资源为纽带，凝聚行业的力量、资本、智慧，共同建设中

国智能公路物流网络运营系统。2022 年前，形成鱼水关系的智能公路物流新生态，如图 21-7 所示。

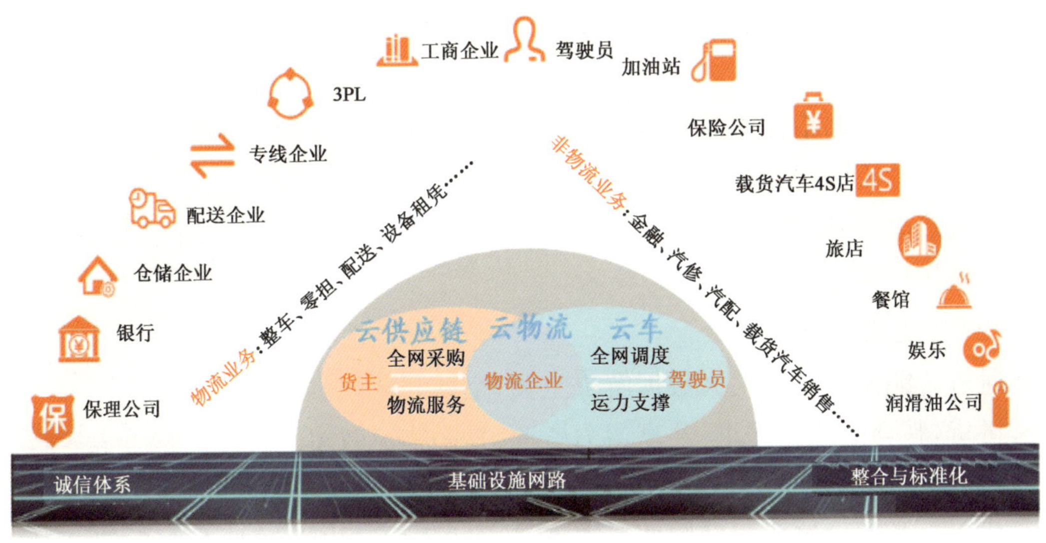

图 21-7　鱼水关系的智能公路物流新生态

2. 紧抓“互联网 +”新机遇，打造万亿级电商平台，引领物流产业新发展

在“一带一路”倡议、《物流业发展中长期规划》和“互联网 +”的倡导下，传化智联正在打造一个线上线下一体化的 O2O 超万亿级物流综合电商平台，实现“用互联网整合物流业”建成中国公路物流运营系统的伟大使命，引领中国物流产业的转型升级。传化智联综合电商平台致力于为物流价值链上的用户提供营销、渠道、金融、互联网等一揽子服务，整体市场规模远超万亿。这个综合电商平台将通过终端技术、软件技术、互联网技术以及丰富的物流资源实现资源共联、信息互通、价值共享，大幅度地提高物流效率，降低物流成本，改善物流体验，创造巨大的社会价值、用户价值和经济价值。

现在“传化网”智能物流系统平台已经运营起来，开始产生并积累海量数据。未来传化的努力方向是打造好“传化网”，构建智能连接平台、智能化的实现平台和操作平台，通过人工智能技术形成中国物流大脑，服务全国 200 多万亿货物高效、有序流动，服务中国制造 2025，服务智慧城市建设，共同推动中国由“中国制造”走向“中国智造”。

第四节　大数据实施效果

1. 大数据产品体系日渐健全,物流大数据技术基础逐步形成

(1)数据可视化中心

传化物流数据指标监控:宏观统计与展示传化智联各项运营指标数据;

陆鲸货源流向:实时展示区域内陆鲸每笔货物流向状况;

货嘀热力图:以热力图的方式展示易货嘀货源位置,并进行用车类型与货物类型分类排行展示。

(2)智能调度中心

通过智能派单、拼货、大数据解决空驶、空载问题;

拼货:整合碎片化需求,共享运力资源,提高物流效率。

(3)企业经营决策

依靠大数据和算法帮助制造业降低供应链成本。以浙江某企业为例,通过传化智慧平台反映的订单分布推导其市场分布,并根据货物重量、体积、运费等信息借助算法测算出其最佳仓储布局方案,优化订单路由,降低供应链成本,提升企业效益。

(4)货源推荐引擎

依托大数据实时计算,自定义货源推荐规则,精准推送公路港货源信息。

2. 支付牌照助力传化支付成为物流行业供应链金融“第一人”,从此货款安全问题已不是问题

传化支付继获取支付牌照后,联手中国银联推出货款智能代收付产品,用“支付+系统”的解决方案解决货款安全问题,在带来便捷、及时、安全的结算体验和效率提升同时,有望促进行业规范、提纯和重构。截至目前,传化支付运营半年以来,交易达811万笔,产生流量190亿。与此同时,和传化支付一样,传化金融的卡车金融、运费金融及保险经纪等,聚焦业务场景,在发挥生态圈“黏合剂”作用同时,让“血管”中的每个数据更透明、更有价值。

3. 智能系统全链入网,“AI+物流”激发生态价值

数据和系统,是传化智联的又一核心竞争力。2017年上半年,传化网中的“万能插座”——智能系统全链入网。通过大数据及智能算法的加持,发货方、驾驶员

等各个生态圈的“物种”受益明显，展现出传化智联创新驱动、科技驱动带来的赋能力。陆鲸上线“鲸眼”系统后，全国货源响应率提升 14.21%；易货嘀上线“风豹2.0”，通过优化缓存技术，实现车源查询性能提升 400 倍。通过传化云仓，商品在上下游各环节的库存和销售数据都能实时掌控。利用大数据，传化网培育“中国好驾驶员”，平台的五星金牌驾驶员赵师傅评分 99 分，像他这样的优质驾驶员月均收入可超两万。

作为新一轮科技革命的重要代表，人工智能的触角不断延伸到物流行业。在传化智联，正依托传化网，构建智能连接平台，发挥生态系统上各业务的协同效应、沉淀物流大数据，并运用人工智能深度学习和大数据计算，形成中国物流大脑，服务中国制造。

参 考 文 献

[1]《国务院关于印发物流业发展中长期规划(2014—2020年)的通知》(国发〔2014〕42号).

[2]《国务院关于印发促进大数据发展行动纲要的通知》(国发〔2015〕50号).

[3]《交通运输部关于推进供给侧结构性改革促进物流业"降本增效"的若干意见》(交规划发〔2016〕147号).

[4] 袁鹏飞,任旭.大数据时代引领思维与商业模式的大变革[J].江苏商论,2015,364(4):182-184.

[5] 蒋文兵.探析大数据技术在水利行业中的应用[J].现代工业经济和信息化,2017(7):97-98.

[6] 姜彩良,李汉卿,粟日,等.中国智慧物流大数据发展报告[R].北京:交通运输部科学研究院,菜鸟网络,阿里研究院,2017.

[7] Pam Baker.大数据策略:如何成功使用大数据与10个行业案例分享[M].北京:清华大学出版社,2016:245-254.

[8] 大数据技术在金融行业有哪些应用前景?[EB/OL].[2017-5-14]https://www.zhihu.com/question/27561422.

[9] 大数据技术在银行业中的应用[EB/OL].[2017-6-8]http://bank.jrj.com.cn/2017/06/08105522586763.html.

[10] 中国工商银行.大数据时代下的三流融合——基于商业银行的视角[R].银行业研究,2013(8).

[11] 大数据在电力行业的应用前景有哪些?[EB/OL].[2017-8-22]https://www.zhihu.com/question/23241126/answer/24049824.

[12] ZARA 亚马逊 沃尔玛,三巨头的大数据瓜葛[EB/OL].[2013-4-23]https://www.huxiu.com/article/13334/1.html.

[13] 能源行业大数据应用案例分享[EB/OL].[2016-8-2]http://www.raincent.com/content-10-7047-1.html.

[14] 李汉卿.较真"无车承运人"——应收账使"轻资产"不轻[J].物流时代,2016(11):80-81.

[15]《交通运输部办公厅关于做好无车承运试点运行监测工作的通知》(交办运函〔2017〕256号).

[16]《交通运输部办公厅关于推进改革试点加快无车承运物流创新发展的意见》(交办运〔2016〕115号).

后　记

——AFTERWORD——

大数据技术，已经成为前所未有的重塑经济和社会的驱动力量，开辟了世界发展的新纪元，使得人类认知世界的思想和方法发生了变革。智慧物流在提升社会全要素生产率，不断提高人民生活质量方面发挥了重要作用。

本书基于大数据时代背景下智慧物流发展现状，结合企业实际应用案例，结合对物流领域现状与未来发展的认识，提出了一些思考与研判。交通运输行业主管部门正在积极探索应用大数据技术来为政策制定提供决策支持。我们相信，随着科学技术的发展和业界同仁的艰辛努力，物流领域的创新将不断出现，同时相关政策规划也将更加科学实用。希望本书通过对智慧物流领域的应用分析，能够推动"互联网 + 高效物流"的发展。

本书第一章主要由姜彩良、孙东泉执笔，第二、第三、第四、第五、第六章由王硕、李汉卿执笔，第七、第八、第九章由赵辉、姜彩良执笔，第十章由陈波莅、李彦林、闫建朝执笔，第十一、第十二章由菜鸟网络、阿里研究院、交通运输部科学研究院协作完成，第十三章、第十四、第十五、第十六章由李汉卿、陈波莅执笔，第十七、第十八、第十九、第二十、第二十一章由卢尔赛执笔。本书由姜彩良负责内容框架设计和书稿审定。在本书有关研究工作中，交通运输部相关司局给予了大量的指导和帮助，菜鸟网络、阿里研究院、中原大易科技、易流科技、罗计物流、运满满、货车帮、衡缘物流、金石合创、传化智联等企业给予了大力支持，行业内专家和学者们给予了鼓励，在此一并表示感谢！

作　者

二〇一七年十二月